Heilung
auf der
Straße

Heilung
auf der
Straße

Die Geschichte des Dienstes
„Heilung auf der Straße"
(*Healing on the Streets*)

Mark Marx

IMPRESSUM

Englischer Titel: „Stepping into the Impossible",
Copyright © Mark Marx 2015
Publiziert bei: River Publishing & Media Ltd
Barham Court
Teston
Maidstone
Kent
ME18 5BZ
United Kingdom
info@river-publishing.co.uk

© 2016 Grain-Press,Verlag GmbH
Marienburger Str. 3
71665 Vaihingen/Enz
eMail: verlag@grain-press.de
Internet: www.grain-press.de

Satz: Grain-Press
Cover: Grain-Press Adaption des Originalcovers
Druck: CPI Germany 25917 Leck

Soweit nicht anders angegeben, sind alle Zitate aus der Elberfelder
Bibel übernommen.

ISBN Nr. 978-3-944794-716

Best. Nr. 3598471

INHALT

WIDMUNG

Linda, Joshua, Timothy und Jordan – wir standen Riesen gegenüber und gemeinsam bestanden wir das Abenteuer – gemeinsam wagten wir uns in den Bereich des Unmöglichen. Es gäbe viele Geschichten zu erzählen, aber diese wurde in Liebe für Euch geschrieben.

DANKSAGUNG

Lynn und Mick Elias – ihr wurdet von Gott gesandt. Ich danke euch für eure Liebe und Geduld, eure Kompetenz sowie für die rechtzeitige Unterstützung, ohne die dieses Buch nicht hätte geschrieben werden können.

Rose Lynas – ich danke dir für deinen klugen Rat und dafür, dass du einen geschulten Blick auf das Manuskript geworfen hast.

Caroline Mara, Alan Scott, Jamie Watters – vielen Dank für euren wertvollen Beitrag.

Tim Pettingale, River Publishing – vielen Dank für deine unvorstellbare Geduld, Reich-Gottes-Gesinnung und Hilfe.

WAS ANDERE SAGEN ...

Mark Marx trägt eine besondere Salbung von Gott. Dieser Mann hat einen hartnäckigen Glauben. In einer Welt voller Theoretiker ist er jemand, der seinen Glauben überzeugend und ganz praktisch auslebt. Nachdem er so viele Jahre bei Wind und Wetter auf der Straße verbracht hat, um das Richtige zu tun – Jahre, in denen er infolge von Gebet Wunder erlebt und Menschen überall auf der Welt herausgefordert hat, die einfachen Dinge des Glaubens neu zu entdecken – verdient es seine Botschaft, gehört zu werden. Ich fordere dich heraus, dieses Buch zu lesen, ohne erstaunt den Kopf zu schütteln - ohne „Wow" vor dich hinzubrummeln und ohne deine eigenen Pläne auszubrüten, um dich in den Bereich des Unmöglichen zu begeben.

Peter Greig, 24-7 Prayer & Alpha International

Ein faszinierendes, stimulierendes und zum Nachdenken anregendes Buch über den Dienst *Heilung auf der Straße*. Eine machtvolle Aufforderung an die Gemeinde, das Übernatürliche erneut in ihr evangelistisches Engagement zurückzubringen.

Revd Canon J. John, The Philio Trust

Wow! Schnall dich an für eine Abenteuerfahrt, erfüllt mit den Höhen und Tiefen eines Lebens, das Jesus ergeben ist. Diese Geschichte sollte dich inspirieren und herausfordern, um dich dem Einen zu übergeben, der etwas Kleines gegen etwas Bedeutungsvolles und Gewaltiges eintauscht. Mark Marx ist ein Mann, der Jesus kennt. Das allein ist genug. Aber sein Zeugnis von seiner Begegnung mit einem lebendigen Gott wird in deinem Innersten ein Feuer entzünden. Möge Gott dieses Feuer in jedem von uns hell brennen lassen!

Danielle Strickland, Sprecherin, Autorin und eine
Leiterin der Heilsarmee, Edmonton, Kanada

Mark ist ein Mann großen Glaubens, radikaler Risikobereitschaft, tiefer Beziehung zu Jesus und unwandelbarer Barmherzigkeit für jene außerhalb der Gemeindemauern. Die Art und Weise, wie er den Dienst der Heilung ausübt und jeden darin einweiht, wie man es macht, repräsentiert exakt das Herz des Vaters und ist Teil des Vermächtnisses, das wir bei Vineyard hegen und pflegen. Als sich das spektakuläre Abenteuer der Causeway Coast Vineyard Gemeinde entfaltete, waren Mark und Linda zur Stelle. Sie erhöhten die Risikobereitschaft innerhalb der Gemeinde und erwiesen sich als treue Verwalter dessen, was das Reich Gottes an „mehr" bereithält. In diesem Buch wird die wunderbare und machtvolle Geschichte erzählt, wie der Dienst *Heilung auf der Straße* entstand und wie du dich mit dem Heiligen Geist zusammentun kannst, während er über deiner Stadt und deiner Nachbarschaft brütet – dem Missionsfeld direkt vor deiner Haustür.

Kathryn Scott,
Lobpreisleiterin/Songwriterin

Während der Dreharbeiten für unsere Filme bin ich vielen Evangelisten begegnet und ich habe schon viel Abgefahrenes gefilmt. Als ich Mark zum ersten Mal traf, einen bescheidenen Mann von ruhigem Gemüt und einem sanften Geist, hatte ich keine Ahnung, dass ich im Begriff war, mich auf eines der unmöglichsten Abenteuer einzulassen, das ich je gefilmt habe. Folglich ist es kein Witz, dass der Titel dieses Buches lautet *„Heilung auf der Straße"*, denn genau das tut Mark jeden Tag. Was mir am meisten an Mark und an diesem Buch gefällt, ist die Tatsache, dass er ein ganz normaler Kerl ist. Er ist kein Spinner. Er ist kein Sensationssüchtiger. Er ist einfach jemand, der Jesus liebt und noch wichtiger, er ist ein Mann, der darauf vertraut, dass Jesus tut, was er verheißt. In diesem Buch erfährst du, dass Gott einen ganz normalen Burschen an ungewöhnliche Orte brachte. Du wirst aber auch entdecken, dass auch du eingeladen bist, das Unmögliche zu tun – und zwar nicht auf eine abgehobene, sondern auf eine liebenswürdige, unbekümmerte Art und Weise. Mark Marx ist echt – und sein Buch ist es auch.

Darren Wilson, Regisseur der Filme Finger of God,
Furious Love, Father of Lights und Holy Ghost

Mir fallen nur wenige Christen dieser Generation ein, die mehr getan haben, um die Heiligen zuzurüsten als Mark Marx. Anhand von „*Heilung auf der Straße*" wird deutlich, was ein Mann für den König und dessen Reich bewirken kann, wenn er mit dem Heiligen Geist erfüllt ist und Gott beim Wort nimmt. Ich musste beim Lesen vor lauter Freude laut lachen, weil die Güte Gottes das Leben zerbrochener Menschen vollständig verändert. Eine außergewöhnliche Geschichte von einem außergewöhnlichen Mann, der seinen außergewöhnlichen Gott kennt.

Simon Ponsonby,
Pastor of Theology, St Aldates, Oxford

Als ich Mark zum ersten Mal traf, hatte ich die Erwartung, dass er sein Hemd aufreißen und so auf seiner Brust ein großes S zum Vorschein kommen würde. Aber dafür ist er viel zu demütig. Das große S, das ihm anhaftet, ist der Geist Gottes (im Englischen: **S**pirit of God – Wortspiel: nicht S für Superman, sondern S für Spirit of God; Anmerkung des Übersetzers). Er bewegt sich in großer Kraft, aber in noch größerer Liebe und Gnade. Er ist einer meiner Helden! Dieses Buch wird dich umhauen – aber es wird dich ausrüsten, um auf die Straße zu gehen und das zu tun, was du auf diesen Seiten gelesen hast. Mach dich auf etwas gefasst – Widerstand ist zwecklos.

Robby Dawkins,
Autor von Do What Jesus Did, Pastor und Power-Evangelist

Mark Marx und ich hatten auf den Straßen Indiens eine erstaunliche Zeit miteinander. Bei diesem Buch handelt es sich nicht um ein weiteres Handbuch, sondern es ist die Geschichte hinter der Geschichte. Was trägt dazu bei, um ein Leben der Risikobereitschaft und des radikalen Glaubens zu führen? Wie erhält man einen Wandel in Christus jenseits der Wunder und speziellen Augenblicke aufrecht, die augenscheinlich so viele andere Dienste definieren? Mark zeigt uns einmal mehr sein Herz und ich glaube, dass dieses Buch für viele ein Segen sein wird, die sich danach sehnen, in der Art von Gehorsam zu leben, den Jesus bei jenen sucht, die ihn Herr nennen. Dieses Buch wird dich motivieren und auf die richtige Art und Weise überführen. Nutze die Gelegenheit, um hinter die Kulissen des Lebens dieses Mannes zu schauen und nebenbei noch einige neue Werkzeuge zu empfangen.

Jake Hamilton,
Musiker und Lead Catalyst; Transcendent Media

Sei gewarnt – du wirst dieses Buch nicht mehr aus der Hand legen können, wenn du erst einmal angefangen hast zu lesen. Es wird dich faszinieren, inspirieren und herausfordern. Wir haben abermals Grund, Mark für diesen wundervollen Beitrag hinsichtlich unseres Verständnisses über Heilung überaus dankbar zu sein. Der gesamte Leib Christi wird davon profitieren.

John Mumford, bis 2015 nationaler Leiter der Vineyard Gemeinden; Vereinigtes Königreich & Irland

Das Buch „*Heilung auf der Straße*" ist sowohl glaubens-fördernd als auch praxisorientiert. Mark hat diese Dinge seit Jahren treu praktiziert. Er lebt, was er lehrt. Die Botschaft dieses Buches ist authentisch und klar verständlich. Kauf dir dieses Buch, studiere es und setze die Botschaft um!"

Mike Pilavachi, Soul Survivor

VORWORT

Mache dich auf in den Bereich des Unmöglichen. Die großartigsten Geschichten werden von den ganz normalen Helden erzählt – den Menschen, die von der Schönheit und Großzügigkeit Gottes so gepackt sind, dass sie ihr Leben vollständig hingegeben haben. Mark Marx ist einer meiner Helden.

Marks leidenschaftliches Ausstrecken nach Gott lässt sich mit diesen Worten umschreiben – leise, behutsam und doch voller Autorität. Es ist ihm eine große Freude, die Gemeinde auszurüsten, Menschen das Reich Gottes zu bezeugen.

In diesem Buch lässt er uns teilhaben an seiner Geschichte und gibt uns Einblick in sein Leben. Es lädt uns zu einer Reise ein.

Sein Weg ist eine Inspiration für mich. Er ist ein Vorbild für kühne Autorität und wahre Demut. Das hat er immer wieder gezeigt. Jedes Jahr lädt er mich im Januar zu einem gemeinsamen Frühstück ein. Bei diesen Begegnungen bestätigt er seine Hingabe an die Gemeinde und dass er sich Leiterschaft unterordnet. Diese Momente sind sehr intensiv … und außergewöhnlich. Häufig tun sich Menschen mit herausragenden Gaben mit Unterordnung schwer. Aber nicht Mark. Seine Priorität ist die Gemeinde und es ist seine Leidenschaft, die gesamte Gemeinde für den Aufbruch in den Bereich des Unmöglichen freizusetzen.

„Heilung auf der Straße" erinnert uns daran, dass wir unseren Städten das wahre Leben nicht einfach aufdrücken können. Wir können sie mit dem zukünftigen Leben vertraut machen. Wir können das wahre Leben zurückbringen. Wir müssen ihnen das wahre Leben bringen, denn das ist unser Auftrag und dafür sind wir verantwortlich. Um im Stadtzentrum lebensspendende Gemeinden aufzubauen, bedarf es mehr, als für ein unwiderstehliches Klima zu sorgen, das von Vortrefflichkeit und einer dienenden Haltung geprägt ist. Diese Ziele können in jeder Branche realisiert werden. Lebensspendende Gemeinden zeichnen sich dadurch aus, dass sich dort Leben aus einer anderen Welt befindet. Diese Gemeinden sind vom Bereich des Unmöglichen durchdrungen.

Gott hat dieser Welt Freude verheißen. Er wartet darauf, dass Diener des Reiches Gottes diese Verheißung zutage fördern. Die Kapazität für Freude in einer Stadt wird durch Gläubige beschleunigt, die von der Gegenwart und Kraft Gottes durchtränkt sind. Wenn sie sich zeigen, herrscht große Freude in der Stadt. Es ist nicht schwer, unsere Städte und Gemeinden zu erreichen. Sie sind nur dann schwer zu erreichen, wenn wir in den vier Wänden unserer Gemeinde verharren. Sobald wir in den Bereich des Unmöglichen aufbrechen, ändert sich alles.

Ich liebe dieses Buch.

Ich liebe die darin enthaltene Einladung zum Abenteuer ... zu mehr. Ich liebe die darin enthaltenen risikobehafteten Geschichten, die offenbarungsreichen Paradigmen und die Botschaft, sich nicht mit dem Status quo zufriedenzugeben. In diesem Buch belässt Mark es nicht dabei, dass es in Gottesdiensten zu Phänomenen kommt – vielmehr veranlasst er uns, die Kraft Gottes auch auf den Straßen freizusetzen. Er fordert jeden von uns auf, uns in der Öffentlichkeit zu zeigen und das Reich Gottes in Barmherzigkeit und Autorität zu demonstrieren. Er fordert uns heraus, zu realisieren, dass der Geist nicht für bessere Gottesdienste, sondern für eine zerbrochene Menschheit gegeben wurde.

Doch am meisten gefällt mir dieses Buch, weil ich Mark kenne und liebe. Ich fühle mich geehrt, dass er mein Freund ist. Ich konnte beobachten, wie er Versagen und Gunst, Zerbrochenheit und Durchbruch mit beharrlichem Glauben handhabe. Ich habe mit eigenen Augen gesehen, wie sein Glaube eine Ortsgemeinde entfachte und veranlasste, eine nichts ahnende Region zu stürmen. Ich war erstaunt, als er im Flugzeug Dämonisierte befreite. Ich war baff, als Missbildungen korrigiert wurden. Ich blickte übernächtigt drein, wenn er des Nachts gebetet hatte und aufgrund der mannigfachen Zeugnisse von Krebsheilungen hatte ich nicht nur einmal wegen meines Unglaubens zu kämpfen.

Wie viele andere auch, wurde auch ich durch Marks extreme Freundlichkeit, seine unbändige Hoffnung und seine Einladung gewonnen, an dem Abenteuer teilzuhaben, das sich außerhalb der vier Wände der Gemeinde abspielt. Er forderte mich und erweiterte meine Kapazitäten. Seine Lebensgeschichte brachte mich zu der Erkenntnis, dass sich die nächste große Bewegung Gottes nicht in der Gemeinde ereignet. Vielmehr ist es eine Bewegung der Gemeinde, die in den Bereich des Unmöglichen aufbricht. Ich bete dafür, dass das Lesen dieses Buches das Gleiche in deinem Leben bewirkt.

Alan Scott
Pastor der Causeway-Coast-Vineyard-Gemeinde

1

DIE FRÜHEN JAHRE

Rückblickend bin ich sehr erstaunt, wie sich die Dinge in meinem Leben trotz nicht gerade verheißungsvoller Anfänge entwickelt haben. Gott bewirkte wirklich Außergewöhnliches, wie es durch sozialen Status, Ausbildung, Wohlstand und all die Dinge, die in dieser Welt hoch im Kurs stehen, nie hätte geschehen können. Es gibt nichts, was ich gegen das Abenteuer, der Führung des Heiligen Geistes nachzukommen, eintauschen würde.

Die Geschichte von *Heilung auf der Straße* ist nicht meine Geschichte. Es ist nicht die Geschichte von Mark Marx, sondern die Geschichte des Heiligen Geistes hinsichtlich dessen, was er mit einem Mann, einer Frau oder einem Kind tun kann, wenn man ihm schlicht und einfach vertraut und gehorcht. Weder war Gehorsam eine leichte Option noch schien er aus menschlicher Sicht immer die beste Entscheidung zu sein. Aber die Entscheidung, Jesus dennoch zu vertrauen und ihm zu folgen, erwies sich immer als spannend und äußerst befriedigend. Ich stelle fest, dass mein Leben jetzt weitaus mehr Einfluss ausübt, als ich mir jemals erträumen oder erhoffen konnte, und ich bin davon überzeugt, dass die besten Jahre noch vor mir liegen.

Ich wurde 1957 als Sohn eines chinesischen Vaters und einer jüdischen Mutter in Kapstadt, Südafrika, geboren. Da es meinen Eltern nicht möglich war zu heiraten, nahm ich den Namen meiner Mutter, Marx, an. Aufgrund der seinerzeit in Südafrika herrschenden Apartheid waren Mischehen nicht möglich. Das Verbot von Mischehen war eines der ersten Gesetze, das 1949 von der damals herrschenden Nationalpartei erlassen wurde. Und ein Jahr später wurde ein weiteres „Unsittlichkeitsgesetz" (Immorality Act) erlassen, wonach nicht nur Ehen, sondern auch außereheliche sexuelle Beziehungen zwischen Menschen unterschiedlicher Rassen verboten waren.

Mein Opa, ein chinesischer Regierungsbeamter, war Anfang des 20. Jahrhunderts über Taiwan nach Südafrika geflohen. Zweifellos wurde seine Entscheidung, in einem anderen Land ein besseres Leben zu suchen, dadurch beeinflusst, dass die Opiumkriege und der Boxeraufstand in China, Chaos und Verwüstung angerichtet hatten. Schließlich ließ er sich in Port Elizabeth nieder, wo mein Vater geboren wurde und aufwuchs.

Die Familie führte ein kleines Lebensmittelgeschäft und verdiente so ihren Lebensunterhalt, geriet aber aufgrund einiger Schwarzmarktgeschäfte meines Vaters schon bald in Schwierigkeiten. Es dauerte nicht lange, bis die Behörden ihm auf die Schliche kamen und er seine Gewerbe-konzession verlor.

Er versuchte noch einmal, von vorn anzufangen und siedelte mit seiner Familie nach Kapstadt um. Um sich mit den Behörden möglichst gut zu stellen, animierte mein Opa meinen Vater, mit Mitarbeitern der Polizei Alkohol zu trinken. Speziell zu diesem Zweck versorgte er ihn regelmäßig mit Whisky- und Brandyflaschen. Und so geschah es, dass mein Vater bereits Alkoholiker war, als ich geboren wurde.

Die Strategie meines Großvaters, das Gesetz zu umgehen, schlug vollkommen fehl und so kam es, dass er auch in Kapstadt von seiner zwielichtigen Vergangenheit eingeholt wurde. Da er mittlerweile keine andere Möglichkeit sah, als sein Geld in der Lebensmittelbranche zu verdienen, kam er zu dem Schluss, es sei das Beste, auszuwandern, um seinen Lebensunterhalt anderenorts zu verdienen.

Ich war gerade einmal dreieinhalb Jahre alt, als mein Vater meiner Mutter eröffnete, dass wir nach England gehen würden. Meine Oma spürte, dass die Aussichten für ein Leben im Ausland mit meinem Vater eher dürftig waren. Schließlich brachte sie meine Mutter davon ab, ihn zu begleiten, aber mein Vater war keinesfalls bereit, mich zurückzulassen.

Ich war sein erstgeborener und einziger Sohn und mein Vater war mir sehr zugetan. Er war ein intelligenter, freundlicher Mann, und ich bewunderte ihn. Meine früheste Erinnerung an ihn ist die, dass er einen Busch schüttelte, sodass Chamäleons herunterfielen und er dann eins dieser Tiere aufhob und es mir zum Spielen gab.

Da meine Mutter von besagtem Unterfangen abgebracht worden war und mein Vater sich nicht von seinen Plänen abbringen ließ, wurde ich bereits in so jungen Jahren von meiner Mutter getrennt. Ich würde sie nie wieder sehen. Im Februar 1961 gingen mein Vater und ich an Bord der RMS Edinburgh Castle, um die 6.000-Meilen-Reise von Kapstadt bis nach Southampton anzutreten.

In England wuchs ich schließlich im Londoner East End in einer Großfamilie von Onkeln und Tanten auf. Ich wurde auf einer katholischen Grundschule angemeldet, und wenn ich heute zurückschaue, muss ich feststellen, dass ich mir dort der Existenz Gottes bewusst wurde.

Ich kann mich daran erinnern, dass unsere Schule die Gottesdienste der katholischen Kirche *St. Anthony in Forest Gate* besuchte. Wenn wir durch den Haupteingang schritten, konnten wir direkt über uns ein großes Kreuz sehen, das mich sehr faszinierte. Für mich als Kind wirkte es riesig, und das Bild, wie Jesus am Kreuz hing, empfand ich als sehr eindringlich. Die Erwartung, jedes Mal von dem gekreuzigten Christus begrüßt zu werden, wenn ich durch die Kirchentür trat, erfüllte mich mit Ehrfurcht.

Wenn wir in der Kirche waren, fragte ich mich, weshalb sich einige meiner Klassenkameraden jede Woche in den Beichtstuhl begaben. Mir war das nicht gestattet, wenngleich ich nie dahinterkam, weshalb das so war. Der Grund dafür war vermutlich der, dass die Lehrer Bescheid wussten, dass meine Eltern nicht verheiratetet waren. Was auch immer es war, irgendetwas hinderte mich daran, in den Beichtstuhl zu gehen, und das warf natürlich viele Fragen auf. Einmal fragte ich einen Lehrer, weshalb man beim Gebet die Hände falten sollte, aber niemand konnte mir diese Frage zufriedenstellend beantworten.

Eine Lehrerin teilte uns im Klassenzimmer regelmäßig das Abendmahl aus. Sie gab uns diese kleinen runden Oblaten. Viele Jahre später saß ich auf einer Parkbank neben einer älteren Dame. Plötzlich wandte sie sich mir zu und sagte:

„Mark?"

Ich nickte und schaute sie an, aber ich erkannte sie nicht.

„Ich dachte mir, dass du es bist!", sagte sie.

Und dann fing sie an, mir zu erklären, dass sie in der Grundschule meine Lehrerin gewesen war. Sie fragte mich, was ich nun aus meinem Leben machte. Als ich ihr davon erzählte, kullerten ihr die Tränen übers Gesicht, denn sie hatte mir seinerzeit das Abendmahl ausgeteilt und viele Jahre für mich gebetet. Sie kannte mich als kleinen Jungen und es haute mich um, dass sie mich nach so vielen Jahren erkannt hatte.

Nach der Grundschule besuchte ich die *Tavistock-Hall-Preparatory-School* (eine private Vorbereitungs-schule) in Sussex. Meine Tante war eine einflussreiche, wohlhabende Frau, die es sich zur Aufgabe gemacht hatte, für meine Ausbildung zu sorgen.

Wegen des Familienbetriebs hatte mein Opa seine anderen Kinder davon abgebracht, ihre Ausbildung abzuschließen. Aber bei meiner Tante machte er eine Ausnahme. Sie war das einzige Familienmitglied, das ihr Studium abgeschlossen hatte. Das Resultat bestand darin, dass sie zu Wohlstand gelangt war.

Als ich die Tavistock-Hall Schule besuchte, geriet ich irgendwie in den Kirchenchor von All Saints, Waldron. Natürlich, man konnte als Chorknabe auch Geld verdienen, aber ich glaube, dass irgendetwas in mir sich schon damals danach sehnte, in der Kirche zu sein. Ich hatte einige tiefgehende Fragen und wollte wissen, woher ich kam und warum ich hier war. Ich hatte zwar ein Gespür für die Existenz Gottes, aber darüber keine wahre Erkenntnis. Damals hatte ich keinen entsprechenden Bezugsrahmen und niemand gab mir Antworten auf meine Fragen.

Mit unseren Gewändern und unseren Halskrausen waren wir Chorknaben ein erstaunlicher Anblick. Wir hätten aus einer anderen Zeit sein können, aber wenn wir in einem kleinen Vorraum gemeinsam darauf warteten, in den Hauptsaal der Kirche einzuziehen, konnte ich spüren, dass dieser Ort sich von allen anderen unterschied. Ich wusste nicht, was es war, aber ich war mir sehr bewusst, dass hier aus irgendeinem Grund etwas anders war. Rückblickend weiß ich natürlich, dass ich dort dem Heiligen Geist begegnet war.

Ich genoss meine vier Jahre auf der Tavistock-Hall Schule. Doch dann kam ich auf das wesentlich härtere Gordon Boys Militärinternat in Surrey. Die Schule war nach General Gordon von Khartoum benannt und selbst die Militärangehörigen der damaligen Zeit hätten gewiss gesagt, dass man uns dort einen harten militärischen Lebensstil der alten Schule einschärfte.

Wenn morgens das Wecksignal ertönte, musste ich noch vor Unterrichtsbeginn mein Bett herrichten. Es war unglaublich hart. Ich lernte jedoch, wie man allein zurechtkommt. Jedenfalls war ich in der Lage, einen Hemdknopf anzunähen!

Unser Haus wurde jeden Sonntag gründlich inspiziert und das bedeutete, dass wir die Samstage damit verbrachten, die Holzfußböden zu schrubben und alles gründlich zu reinigen, sodass alles blitzblank war. Es durfte nirgendwo ein Staubkorn zu sehen sein.

Wir mussten auch unsere Uniformen reinigen und bügeln – unsere dunklen Uniformjacken und unsere Hosen aus Gordon-Tartan. Unsere Glengarry Abzeichen aus Messing und die Messingknöpfe unserer Uniformjacken mussten poliert werden, bis sie glänzten wie Glas. Wir mussten sogar unsere Schuhe mit Spucke bearbeiten und polieren, bis man sich darin spiegeln konnte – nicht nur das Oberleder, sondern insbesondere auch den Bereich zwischen dem Absatz und der Sohle. Wenn wir sonntags in Parade marschierten, bestand unsere Hauptsorge darin, dass uns womöglich jemand auf unsere Schuhe trat und wir das ganze Spuck- und Polierprozedere wiederholen mussten, damit sie wieder wie Glas aussahen.

Die Gordon-Boys-School war eine Schule der Church of England und deshalb war der sonntägliche Kirchgang Pflicht. Viele der Jungs trafen die Entscheidung, sich konfirmieren zu lassen und wenngleich ich mich für eine kirchliche Ausbildung interessierte, war ich doch noch nicht vollständig von der Notwendigkeit der Konfirmation überzeugt.

Die Schule verfügte über eine Bibliothek historischer Bücher, die wunderbar illustriert waren und sowohl Bilder von Jerusalem als auch vom Heiligen Land enthielten. Ich liebte es, in diesen alten Ausgaben zu stöbern, mir die Bilder genauestens anzusehen und auch die Geschichten fand ich äußerst faszinierend. Ich glaube, der Pater erkannte, dass ich mich in meinem Herzen nach Gott sehnte, denn eines Tages rief er mich und zwei weitere Jungs, die bis dato nicht bereit gewesen waren, sich konfirmieren zu lassen, in sein Studierzimmer, wo er aufrichtig an uns appellierte, uns konfirmieren zu lassen.

Da es mir jedoch nicht möglich war, irgendetwas zu tun, von dem ich nicht vollkommen überzeugt war, konnte ich ihm keine Zusage geben. Wenn ich etwas tat, musste ich davon überzeugt sein, dass es der Wahrheit entsprach. Ich weiß, dass der Pater enttäuscht war. Aber ich bin mir sicher, dass er sich jetzt freut und ich glaube tatsächlich, dass seine Gebete dazu beitrugen, dass ich heute dort bin, wo ich bin. Es ist erstaunlich, rückblickend feststellen zu können, dass Gottes Hand die ganze Zeit über auf meinem Leben ruhte.

Mein Lieblingsfach in der Schule war Kunst. Ich war ständig am Zeichnen und Malen. Da ich kreativ war, beschloss ich, nach Beendigung der Schule eine Kunstakademie zu besuchen. Aber nach fünf strengen Jahren auf einem Militärinternat fühlte sich das an, als fiele ich von einem Extrem ins andere. Nach übermäßiger Disziplin jetzt überhaupt keine Disziplin mehr zu erfahren, war einfach zu viel für mich. Ich war nicht darauf vorbereitet, angemessen damit umzugehen.

Nachdem ich die Kunstakademie vier Jahre besucht hatte, war ich ein ausgebildeter Grafikdesigner. Als ich für ein Modeunternehmen in der Oxford Street arbeitete, gestaltete ich während meines Urlaubs im Friseursalon des Chefs eines Freundes ein Wandgemälde. Aufgrund des damit einhergehenden Erfolgs machte ich mich als Innenraumausstatter selbstständig. Ich liebte meine Arbeit, und in den darauffolgenden sieben Jahren bildete ich mich in folgenden Bereichen weiter: Kreieren von Holzmaserungen, Marmorieren und spezielle Lackierungen.

Während einer Auszeit hatte ich die wunderbare Gelegenheit, Zeit mit dem berühmten Architekten Charles Jencks zu verbringen. Gemeinsam mit einigen anderen sehr bekannten Leuten organisierte ich in seinem Haus in London eine Möbelausstellung. Eine weitere Möbelausstellung in *Covent Garden* war sehr hilfreich für meine Karriere als Innenraumgestalter, sodass sich mir auch Türen öffneten, um Weinlokale, Restaurants und die Häuser der Reichen und Berühmten zu gestalten.

Während all dieser Zeit ging es mit meinem Vater stetig bergab. Da ich sein einziges Kind war, fühlte ich mich für ihn verantwortlich und tat mein Bestes, um ihn vom Trinken abzubringen. Ich wusste, wo er seinen Whisky versteckte und immer, wenn ich eine Flasche fand, schüttete ich den Inhalt in den Abguss. Das führte aber lediglich dazu, dass wir uns deswegen stritten und er sich dann sowieso wieder eine neue Flasche besorgte.

Das Letzte, was ich den Arzt zu meinem Vater sagen hörte, war, dass er sterben würde, wenn er mit dem Rauchen und Trinken nicht aufhören würde. Angesichts der Tatsache, dass ich bereits seit Jahren vergeblich darum gekämpft hatte, dass er sich nicht weiter Schaden zufügte, gab ich in dem Moment auf, als ich diese Aussage hörte. Und genau das sagte ich ihm auch:

„Ich gebe es auf mit dir! Ich weiß nicht, warum ich alles Mögliche versucht habe, um dir zu helfen. Ich hätte mich ebenso betrinken, Drogen nehmen und denselben Weg wie du einschlagen können."

Ich verließ sein Haus und ging in meine Werkstatt in Stratford, die über Bobby Moores alter Kneipe gelegen war. Schließlich ging ich in diese Kneipe und betrank mich. Früh am Morgen ging ich zurück zum Haus meines Vaters, wo ich feststellen musste, dass er in der gleichen Position verstorben war, in der ich ihn zurückgelassen hatte, als ich zu ihm sagte: „Ich gebe es auf mit dir!"

Mit dem Tod meines Vaters brach für mich eine Welt zusammen. Ich hatte mit ansehen müssen, wie jemand, den ich von Herzen liebte, sich mit fünfundfünfzig Jahren umbrachte. Es war schrecklich, ihn zu finden, und wegen meiner letzten an ihn gerichteten Worte hatte ich extreme Schuldgefühle.

Ich fiel in eine fürchterliche Depression. Ich wusste weder, an wen ich mich wenden konnte, noch, wie ich meinen Gefühlen Ausdruck verleihen sollte.

Ich ging in die Kneipe – mit Hunderten von Pfund in der einen und einer Flasche Wodka in der anderen Tasche.

Wenn ich von Bier und Schnaps betrunken war, begab ich mich in einen Nachtklub in der City von London. Schließlich fand ich mich mit nahezu leeren Taschen in einem Zug irgendwo außerhalb Londons wieder. Einmal wachte ich in irgendeiner Bahnhofshalle auf. Gerade, als ich wieder halbwegs zu mir kam, schlug mir ein Obdachloser ins Gesicht und versuchte gleichzeitig, meine Armbanduhr von meinem Handgelenk loszureißen.

Meine Welt war buchstäblich zusammengebrochen und ich dachte, es sei aus mit mir. Mein Geld war aufgebraucht, ich hatte aufgehört zu arbeiten, und mein Leben befand sich in einer Abwärtsspirale von Schuld, Schmerz und Hoffnungslosigkeit.

Ich war dreißig Jahre alt.

2

EINE BEGEGNUNG MIT JESUS

Als ich die Kunstakademie besuchte, schloss ich Freundschaft mit Paul. Wir waren beide keine Christen, obwohl ich glaube, dass Paul möglicherweise einen christlichen Hintergrund hatte.

Während der Zeit, in der ich als Raumausstatter arbeitete, hatte Paul eine Begegnung mit Gott. Er wollte mir von Jesus erzählen, und deshalb zögerte er nicht, mich in die Gemeinde einzuladen. Er war nicht bereit, ein Nein als Antwort zu akzeptieren, aber je beharrlicher er war, desto mehr widersetzte ich mich.

Ich war damals ziemlich zerbrochen, und da Paul so ein guter Freund war, wollte er mir helfen. Ich hatte meinen Vater an den Alkohol verloren und meine Mutter hatte ich nie wirklich gekannt. Paul spürte, dass Jesus mir helfen konnte.

Ich verharrte in meiner ablehnenden Haltung. Seit meiner Collegezeit trug ich mein dichtes dunkles Haar recht lang. Ich war eher dieser künstlerische, kreative Typ mit einem eigenartigen Geschmack, was meinen Kleidungsstil betraf, und ich war wirklich davon überzeugt, ich würde mich in einer Gemeinde niemals wohlfühlen, weil ich nicht hineinpasste.

Das Bild, das ich von der Gemeinde hatte, war keinesfalls auf frühere Erfahrungen zurückzuführen, sondern vielmehr auf die Art von Christentum, über die sich das Fernsehen lustig machte. Das Bild, das von den Medien vermittelt wurde, war soweit von meiner persönlichen Lebensauffassung entfernt, dass ich mich fragte, wie ich mich jemals mit Kirchgängern identifizieren könnte - oder sie sich mit mir.

Trotz meiner Absagen blieb Paul unbeirrt. Er war so hartnäckig, dass ich schließlich einwilligte, ihn in die Gemeinde zu begleiten – aber nur unter der Bedingung, dass wir eine halbe Stunde früher dorthin gingen. Ich hatte mir überlegt, dass ich unbemerkt in das Gebäude gelangen und mich hinter einer Säule verstecken könnte, weil noch niemand dort sein würde, wenn wir so früh kämen. (Ich glaubte, in jedem Gemeindegebäude gäbe es Säulen). Nach dem Gottesdienst könnte ich das Gebäude dann wieder unbemerkt verlassen. Zumindest könnte ich dann sagen, ich sei dort gewesen und er würde aufhören, mich weiterhin zu bedrängen.

Paul sagte mir weder, dass es in diesem Gemeindegebäude keine Säulen gab, noch, dass die Gemeindemitglieder so leidenschaftlich in Jesus verliebt waren, dass sie sich mindestens eine Stunde vor Gottesdienstbeginn in der Gemeinde einfanden. Als wir das Gebäude betraten, waren Dutzende von Menschen aller Altersgruppen, Nationalitäten und mit unterschiedlichstem Hintergrund bereits in intensivem Lobpreis versunken. Weder wurde ich an der Tür von jemandem begrüßt noch überhaupt bemerkt, weil alle so darin vertieft waren, Gott zu preisen.

Es war das erste Mal, dass ich die Gegenwart Gottes so deutlich erlebte. Mir war nicht klar, was es war, aber ich spürte, dass Gott mich in meinem tiefsten Innern anrührte. Mir fehlten die Worte, um präzise zu beschreiben, was ich spürte, aber es war so, als ob mich Sonnenstrahlen durchströmten und sich dabei bewegten – so, wie die vom Wind bewegten Blätter eines Baumes von Sonnenlicht durchströmt werden.

Ich spürte diese Strahlen der Wärme – wie Sonnenstrahlen – sowohl innerlich als auch äußerlich. Es war, als ob Gott in das Niemandsland meines Herzens sprechen würde – dort, wo die Tiefe der Tiefe zuruft (siehe Ps 42, 8; NeÜ). Er kommunizierte mit mir auf einer Ebene, die ich nie zuvor erfahren hatte.

Ich spürte die Tränen auf meinem Gesicht und nahm bei der nächsten Wand Platz, weil ich mich, so gut ich konnte, verstecken wollte. Das Einzige, was ich tun konnte, als ich all diesen Christen beim Singen ihrer Liebeslieder für Jesus zuhörte, bestand darin, auf meinem Holzstuhl zu sitzen und zu versuchen, mein Gesicht zu vergraben, indem ich meine Stirn gegen die Rückenlehne des Stuhls vor mir presste.

Als ich schließlich nach Beendigung des Gottesdienstes meinen Kopf von diesem Stuhl loseiste, sah ich das

Tränenmeer auf dem Boden. Ich fragte mich, was um alle Welt mit mir geschehen war, aber gemeinsam mit Paul besuchte ich den nächsten Gottesdienst. Das Gleiche geschah. Ich besuchte auch die nächsten Gottesdienste und jedes Mal musste ich weinen und spürte Gottes Gegenwart. Ich wusste, dass Gott mich durch seinen Geist zu sich zog.

Zwei Wochen später, an einem Sonntagabend, predigte einer der Ältesten der Pfingstgemeinde und machte einen Bekehrungsaufruf. Ein Teil von mir wollte Ja sagen und ein anderer Nein. In meinem Innern kam es zu einem derart heftigen Kampf, dass ich auf den Bekehrungsaufruf an diesem Abend nicht positiv reagierte. Aber ich musste nicht lange warten. Am darauffolgenden Dienstag kamen ein anglikanischer Pastor namens Trevor und dessen Frau Anne, um in der Gemeinde zu sprechen.

Trevor hatte einen internationalen Heilungs- und Befreiungsdienst. Als er von den erstaunlichen Geschichten über Gottes wunderwirkende Kraft berichtete, saugte ich diese förmlich in mich auf. Ehe er seine Botschaft beendete, sagte er:

„Bevor wir jetzt dafür beten, dass Menschen geheilt werden möchte ich jene auffordern nach vorne zu kommen, die ihr Leben Jesus geben wollen."

Ich bekam Herzklopfen. „Bitte Gott, lass mich nicht der Einzige sein, der aufsteht."

Der innere Kampf ging wieder los, aber dieses Mal wusste ich, dass ich aufstehen und mich entscheiden würde. Nachdem einige Minuten vergangen waren, zwang ich mich, von meinem Platz aufzustehen und fing an, mit jenen nach vorne zu gehen, die Heilungsgebet empfangen wollten.

Ich ging dorthin, wo Anne für die Menschen betete, und es standen noch etwa fünf Personen vor mir in einer Reihe an. Ganz vorne stand ein älterer Herr mit weißem Haar. Als Anne für ihn betete, fiel er zu Boden. Ich geriet in Panik, weil ich dachte, er hätte einen Herzinfarkt und dass nun jemand den Rettungsdienst anrufen müsste. Aber niemand schien beunruhigt zu sein, sodass man den armen Kerl einfach auf dem Boden liegen ließ.

Das Gleiche geschah auch mit den nächsten beiden Personen, für die gebetet wurde. Ich schaute dorthin, wo Trevor für die Menschen betete. Auch diese fielen zu Boden. So etwas war mir noch nie zuvor begegnet. Mir gefiel nicht, was ich sah, und ich war fest entschlossen, dass ich keinesfalls zulassen würde, dass so etwas auch mit mir geschah!

Als es soweit war, dass Anne für mich betete, fragte sie mich noch nicht einmal nach meinem Anliegen. Stattdessen betete sie laut in einer fremden Sprache. Da ich kein Wort verstehen konnte, dachte ich bei mir selbst: „Nun Gott, ich bin hier, um dir mein Leben zu übergeben, also werde ich das auch tun."

An diesem Abend lieferte ich mein Leben vollständig an Jesus Christus aus. Ich sagte ihm, dass es mir leidtat, in welchem Chaos sich mein Leben befand und dass ich es ihm zu einhundert Prozent auslieferte, wenn er etwas damit anfangen könnte. So lieferte ich ihm mein Leben aus und bat ihn, in mein Herz zu kommen. Ehe ich mich versah, lag ich rücklings auf dem Boden.

Während ich dort lag, hörte ich, wie Gott zu mir sprach. Nicht mit einer hörbaren, menschlichen Stimme, aber ich wusste, dass es seine Stimme war. Dennoch wirkte diese Stimme so deutlich und klar, dass sie nahezu hörbar war. Er sagte:

„Seitdem du vier Jahre alt bist, trauerst du um deinen Vater, aber du wirst jetzt nicht mehr länger trauern."

Daraufhin spürte ich, wie mir eine große Last von den Schultern fiel und als ich schließlich an meinen Platz zurückkehrte, fühlte ich mich großartig, fast euphorisch. Dieses Gefühl hielt einige Monate an. Mir wurde klar, dass ich bereits seit meinem vierten Lebensjahr wusste, dass mein Vater ein Alkoholproblem hatte. Schon als kleines Kind hatte ich um ihn gebangt, ja eigentlich sogar getrauert. Als Gott zu mir sprach, nahm er das alles von mir. Es war eine erstaunliche Erfahrung, die Last der Schuld und Verantwortung nicht mehr tragen zu müssen.

So begann meine Reise mit Jesus und für die nächsten Monate schwebte ich auf Wolken. Ich verpasste keinen Gottesdienst und war so hungrig, zu lernen und in meinem neu gefundenen Glauben zu wachsen.

Der Pastor der Elim-Pfingstgemeinde, die ich in Ilford besuchte, hieß Barry Killick. Er liebte das Wort Gottes sehr, nahm mich unter seine Fittiche und unterwies mich persönlich. Unter seiner Leiterschaft und Fürsorge entwickelte ich ebenfalls eine tiefe Liebe für die Schrift.

Ich war so wissbegierig, mehr über Gott zu erfahren, dass es nicht ungewöhnlich war, dass ich bis 2.00 Uhr morgens in der Bibel las. Das war für gewöhnlich aber auch der Zeitpunkt, an dem ich meine Augen nicht länger aufhalten konnte und mit der aufgeschlagenen Bibel vor mir auf dem Bett einschlummerte. Wenn ich dann morgens aufwachte, las ich geradewegs an der Stelle weiter, wo ich in der Nacht aufgehört hatte.

Zur gleichen Zeit kümmerte sich eine Fürbittegruppe der Gemeinde um mich. Sie beteten für mich und versorgten mich mit Büchern über die großen Männer und Frauen Gottes früherer Tage. Ich lernte viel von diesen begabten, geistlich gesinnten Menschen, die die Stimme Gottes kannten. Sie waren alle prophetisch, und als ich gerade einmal seit etwa einem Monat Christ war, sagte eine dieser Fürbitterinnen – ihr Name war Grace – zu mir:

„Gott hat mir ein Wort für dich gegeben."

„Großartig. Wie lautet es?", fragte ich.

„Ich kann es dir nicht sagen, weil Gott zuerst zu dir reden muss. Dann wird mein Wort bestätigen, was er dir bereits gesagt hat."

Also betete ich noch intensiver, und nach etwa einem Monat glaubte ich zu wissen, was Gott mir sagte, aber da ich kaum glauben konnte, was ich hörte, ging ich zu Grace und sagte:

„Grace, ich glaube, dass Gott zu mir gesprochen hat. Weil ich aber kaum glauben kann, was ich meine gehört zu haben, möchte ich, dass du mir zuerst sagst, was er zu dir gesagt hat."

„Nein, du sagst mir zuerst, was er dir gesagt hat!"

In dieser verrückten Unterhaltung ging es hin und her. Ich argumentierte:

„Aber wenn ich es dir zuerst sage, kannst du hinterher einfach behaupten, Gott hätte dir das Gleiche gesagt. Woher soll ich wissen, dass Gott zu mir geredet hat?"

„Weil ich alles aufgeschrieben habe. Ich habe es hier in meiner Handtasche."

Also fing ich an, ihr zu erzählen, dass ich den Eindruck hatte, Gott sagte, dass ich in den vollzeitigen Dienst gehen würde; dass ich die Dinge tun würde, die ich heute tue. Als ich ausgeredet hatte, zog sie ein Blatt Papier aus ihrer Handtasche und gab es mir. Darauf stand all das geschrieben, was Gott zu mir gesagt hatte. Ich geriet in eine Art Schockzustand.

Diese gottgefälligen Fürbitterinnen lehrten mich so viele Dinge. Ich vertiefte mich weiter in die Schrift, und was mich wirklich begeisterte, war zu lesen, was Jesus und seine Jünger taten. Ich wollte umsetzen, was ich las und so nutzte ich jede Gelegenheit, um für Menschen zu beten. Und wenn diese Fürbitterinnen, die meine Mütter in Christus waren, krank wurden, zögerte ich nicht, mich zum Krankenhaus aufzumachen, um für sie zu beten.

Diese Frauen waren schon recht betagt, und obwohl die Zeit ihres Lebensendes vielleicht nicht mehr fern war, betete ich so gut ich konnte für deren Heilung. Immer wenn

Gott diese Gebete nicht beantwortete und sie heimholte, war ich am Boden zerstört.

Ich hatte ein so großes Verlangen danach, dass Menschen geheilt wurden. Dieser Hunger wurde vom Heiligen Geist entfacht. In Gottes Gegenwart zu sein; in Gottes Wort zu lesen; Zeit mit jenen zu verbringen, die sich in Heilung bewegten oder dorthin zu gehen, wo ich Gebet empfangen konnte – das war alles, was für mich zählte. Ich hätte leicht die Motivation verlieren können, wenn nichts geschah, aber ich traf schon früh bewusst die Entscheidung, Gottes Wort zu glauben – selbst, wenn die Umstände etwas anderes besagten. Unglaube ist ebenso die Entscheidung für einen bestimmten Lebensstil wie die Entscheidung, zu glauben. Und ich entschied mich, im Glauben zu leben.

Ich beschloss, das zu glauben, was Gott in seinem Wort sagte, obwohl ich nicht immer erlebte, dass das Verheißene geschah, und irgendwann wurde mir klar, dass Gottes Realität größer ist, als diese Erfahrungen. Wenngleich ich also viel zu häufig die Auswirkungen der Realität dieser Welt erlebte, glaubte ich von ganzem Herzen, dass sein Königreich realer ist, als das, was ich sah.

Von den Dingen zu lesen, die Jesus und seine Jünger taten, begeisterte mich. Also nutzte ich jede Gelegenheit, um zu beten und je mehr ich betete, desto mehr Dinge geschahen. Ich sah erste Anzeichen, dass Gott in puncto Heilung wirkte, aber ich erlebte während dieser Zeit nicht, dass etwas Gravierendes geschah. Ein nicht unerheblicher Teil meiner Erfahrungen war ziemlich entmutigend.

Eines Nachts hatte ich einen Traum, in dem ich sah, wie eine Frau in einem Krankenhausbett lag. Mein Freund Paul stand neben ihr und ich sah über ihr das Wort „Leukämie". Als ich am nächsten Morgen aufwachte, rief ich Paul an und fragte ihn, ob er jemanden kannte, der krank war, was er verneinte. Paul fragte, weshalb ich diese Frage stellte. Als ich ihm sagte, dass ich einen Traum hatte, wollte er unbedingt wissen, worum es darin ging.

Als ich eine Woche später bei Paul zu Besuch war, klingelte das Telefon. Wir erfuhren, dass eine Bekannte von Paul mit Leukämie im Krankenhaus lag. Wir waren betroffen, das zu hören, aber wegen des Traums begaben wir uns gleich zu jenem Krankenhaus. Ich erklärte dieser Frau, dass ich mitgekommen sei, weil ich diesen Traum hatte, in dem Gott mir meines Erachtens ihre Krankheit gezeigt hatte. Ich sagte ihr, dass ich gemeinsam mit Paul gekommen war, weil wir für sie beten wollten, wenn das für sie okay sei. Sie willigte ein. Ich betete in Sprachen und bat Gott, sie zu heilen. Anschließend verließen wir das Krankenhaus. Aufgrund des Traums erwarteten wir nichts anderes, als dass sie geheilt würde. Folglich waren wir geschockt und aufgebracht, als uns kurz darauf die Nachricht ihres Todes erreichte.

Ich glaube, das ist einer der Gründe, weshalb sich Paul kurze Zeit später von Gott abwandte. Er konnte nicht akzeptieren, dass Gott uns ein Wort für die betreffende Situation gab und seine Bekannte dennoch starb. Ich für mein Teil schlussfolgerte, dass Gott in diesen Dingen souverän war und dass ich nicht die ganze Geschichte kannte. Ich wusste nicht, ob diese Frau an einem bestimmten Punkt Christus möglicherweise angenommen hatte. Aber ich war gehorsam gewesen und hatte getan, was Gott mir aufgetragen hatte – nicht mehr und nicht weniger. Dennoch war das eine schwierige Situation. Paul ging in die eine Richtung und ich in die andere.

Da ich wusste, dass es mit Jesus immer Hoffnung gibt, betete ich weiterhin. Nichtsdestotrotz zählte das Beten für kranke Kinder, deren Eltern die Erwartung an mich hegten, ich sei die letzte Hoffnung für ihr Kind, zu den Dingen, die mich am meisten entmutigten und verstörten. Der Schmerz, den ich fühlte, wenn diese Kinder nicht sofort sichtbar geheilt wurden und die Enttäuschung in den Augen der Eltern brachten mich fast dazu, aufzugeben. Tatsächlich kam ich an den Punkt, an dem ich zu Gott sagte:

„Wenn ich erneut für ein Kind beten muss, dessen Eltern ihre Hoffnung auf mich setzen und ich ihnen in Jesus Hoffnung vermittle, könnte ich den Schmerz nicht mehr ertragen, falls es auf mein Gebet hin nicht geheilt würde. Und wenn ich für ein weiteres Kind beten muss, das nicht geheilt wird, glaube ich, dass ich nie mehr für ein krankes Kind beten will. Und nicht nur das, ich glaube, ich werde grundsätzlich aufhören, für Menschen zu beten, weil es einfach zu schmerzvoll ist, wenn sie nicht geheilt werden.“

Ich war hinsichtlich dessen, wie ich mich fühlte, einfach nur ehrlich mit Gott. Ich weiß zwar nicht wie, aber irgendwie hat Gott etwas an meinem Herzen getan, sodass ich Folgendes realisierte: Mein Part bestand darin, zu beten, so gut ich es vermochte – aber die Resultate Gott zu überlassen.

3

DER DIENST EINES
EVANGELISTEN

Als ich Christ wurde, wollte ich unbedingt jedem von Jesus erzählen. Als ich meiner Familie, meinen Freunden und allen, die mir in den Sinn kamen – selbst jenen, die ich nur flüchtig kannte – die gute Botschaft verkündigt hatte, fragte ich unseren Pastor, Barry Killick, ob er ein Team hatte, das auf die Straße ging, um Menschen von Jesus zu erzählen. Da es zu jener Zeit in dieser Gemeinde ein solches Team nicht gab, beschloss ich mit seinem Segen, eins zu gründen, obwohl ich keine Ahnung hatte, wie ich vorgehen sollte.

Während ich mich fragte, wie ich mehr Menschen von Jesus erzählen konnte, besuchte ein jamaikanischer Evangelist namens George Miller unsere Gemeinde.

George besuchte unterschiedliche Gemeinden, die es sich zur Aufgabe gemacht hatten, das Evangelium zu verkündigen und für Kranke zu beten. Er führte Teams mit sich, um mit den von ihm besuchten Gemeinden zusammenzuarbeiten und diese so in ihrer Mission zu unterstützen. Er reiste im Land umher und trainierte Teams aus verschiedenen Gemeinden, um auf der Straße zu evangelisieren. Nun bot er an, auch jemanden in unsere Gemeinde zu senden, der uns in puncto Straßenevangelisation ausbilden würde.

Ich war davon überzeugt, dass dies die Antwort auf meine Gebete war. Also ging ich zu Barry, um ihn zu bitten, jemanden aus Georges Team in unsere Gemeinde einzuladen. Nun, eine Bedingung war die, dass wir zunächst eine Gruppe von mindestens fünf oder sechs Personen zusammenhaben mussten. Barry schlug vor, dass ich ein kleines Team rekrutierte. Anschließend würde er George bitten, ein paar von seinen Leuten zu senden, die uns bestimmte Evangelisationsmethoden wie zum Beispiel die Verwendung von Flipcharts oder Traktaten lehrten.

Das war für mich ein Moment göttlichen Timings, sodass ich in der Lage war, die ersten vorsichtigen Aktionen außerhalb der Sicherheit des Gemeindegebäudes zu starten. Mein erstes Projekt auf der Straße bestand darin, eine sogenannte Flipchart-Evangelisation durchzuführen. Ich muss bekennen, dass ich entsetzliche Angst hatte. Umso mehr, weil ich derjenige war, der das Team zusammenstellte und nun auch noch von Barry gebeten wurde, dieses zu leiten. Ich hatte das Gefühl, ungewollt in das Unterfangen geworfen worden zu sein, diese evangelistische Aktion auf der Straße zu leiten und durchzuführen.

Genau ein Jahr später begleitete ich George nach Blackpool. Das war meine erste kleine Missionsreise. Hier erlebte ich zum ersten Mal, wie sich die Kraft Gottes auf erstaunliche Weise erwies. Taube Ohren öffneten sich und wir sahen starke Befreiungen. Auch heute noch, so viele Jahre später, sind einige dieser Wunder für mich noch immer herausragend. Eines geschah an einer Dame mit einem Klumpfuß. Sie trug einen schwarzen orthopädischen Stiefel mit einer etwa 12 Zentimeter hohen Absatzerhöhung. Ein junges Mädchen, das erst wenige Monate gläubig war, betete für sie. Die Frau fiel unter der Kraft des Heiligen Geistes zu Boden. Während sie auf dem Boden lag, sah ich, wie ihr Bein um 12 Zentimeter wuchs, sodass besagter Stiefel jetzt deutlich hervorragte.

Als jene Frau wieder „zu sich kam", sagte dieses Mädchen: „Ich glaube Gott hat Ihr Bein wachsen lassen." Die Frau konnte es nicht glauben. Sie stand auf, tanzte und sprang in einem Winkel von 45 Grad umher und pries freudig Gott.

Die erste Person, für die ich während dieses Blackpool Missionseinsatzes betete, war eine Frau, die seit mehr als vierzig Jahren unter Epilepsie gelitten hatte. Das war auch das erste Mal, dass jemand, für den ich betete, unter der Kraft des Heiligen Geistes zu Boden fiel. Ich wusste nicht genau, was ich tun sollte. Sie lag ausgestreckt da und als sie wieder „zu sich kam" und sich aufsetzte, sagte ich zu ihr:

„Ich glaube, Gott ist noch nicht fertig mit Ihnen." Dann betete ich abermals. Sie fiel ein zweites Mal zu Boden. Diese Frau wurde vollständig von Epilepsie geheilt. Als sie ein Jahr später nach Blackpool zurückkehrte, erzählte sie mir, dass sie vollkommen davon frei war.

In Blackpool erlebte ich außerdem, dass Gott mich im Befreiungsdienst gebrauchte. Ich wünschte mir, für meinen Gastgeber ein Segen zu sein und als ich deswegen betete, zeigte Gott mir, was diesen an einer engeren Gemeinschaft mit Gott hinderte. Als sich eine Gelegenheit ergab, bot ich an, für ihn zu beten.

Gott hatte mir gezeigt, dass mein Gastgeber entgegen besseren Wissens ein Ouijabrett benutzt hatte und dabei über dem Brett ein Gesicht erschienen war. Als ich ihn aufforderte, sich von dem Geist des Ouijabretts loszusagen, fiel er zu Boden und ich hörte, wie diese merkwürdige Stimme schrie: „Ich gehe nicht."

Vom Lesen in der Schrift wusste ich, dass es sich um einen Dämon handelte. Als ich ihm befahl, zu verschwinden, fuhr er mit einem entsetzlichen Schrei aus. Mein Gastgeber war frei. Er war sofort entspannt und nahm meine Hand. Dann sagte er: „Danke, dieses Problem bin ich jetzt los."

Weil sich die Kraft Gottes während unseres ersten Missionseinsatzes in Blackpool so deutlich zeigte, kehrten wir in den darauffolgenden Jahren mehrmals dorthin zurück. Jedes Mal erlebten wir, dass Gott wunderbare Dinge tat. Bei unserem zweiten Missionseinsatz geschah während des Lobpreises gleich zu Beginn des Gottesdienstes Folgendes: Der Pastor der Gemeinde lehnte sich zu George herüber und sagte etwas zu ihm. Daraufhin stand dieser auf, erhob seine Hände und rief plötzlich während des

Lobpreises: „Stopp". Die Anwesenden waren fassungslos und fragten sich, was um alles in der Welt los war. Als ob es nichts Ungewöhnliches sei, den Lobpreis zu unterbrechen, erklärte George:

„Der Pastor sagte mir, dass hier einige Taube sind, die gekommen sind, um geheilt zu werden."

Da wir im Jahr zuvor erlebt hatten, dass ein von Geburt an taubes achtjähriges Mädchen vollständig geheilt wurde, wunderte es mich nicht, dass mehrere Taube gekommen waren.

George sagte: „Wo seid ihr? Ich möchte für euch beten. Ich bitte euch, aufzustehen."

Fünf von ihnen saßen in der ersten Reihe, um so nahe zu sein, dass sie von den Lippen lesen konnten. Sie blieben aufmerksam stehen, während Pastor George vom Podium aus für sie betete und Autorität über den Geist der Taubheit ergriff. Es war einfach wunderbar, dass alle fünf ihre Heilung empfingen und wieder hören konnten. George lächelte und sagte: „Jetzt könnt ihr den Lobpreis genießen und hören, was Gott euch zu sagen hat."

Du kannst dir sicher denken, dass dieser Gottesdienst nun einen großartigen Verlauf nahm. Gott wirkte außergewöhnliche Dinge.

Während dieser Zeit in Blackpool war es meine Gewohnheit, frühmorgens am Strand spazieren zu gehen und mit dem Herrn zu reden. Eines Morgens hatte ich den Eindruck, dass der Herr mir zeigte, es sei an der Zeit, mich mit George zusammenzutun und vollzeitlich bei *Impact Missions* zu arbeiten.

Ich sagte dem Herrn, dass ich dafür bereit sei. Ich bat ihn aber, zuerst zu George zu sprechen, um diesen Eindruck zu bestätigen – dann würde ich wissen, dass es der richtige Zeitpunkt war, mich *Impact Missions* anzuschließen. Eine Woche später rief George mich frühmorgens an, um mir zu sagen, dass Gott ihm gesagt hatte, es wäre jetzt Zeit für mich, an Bord zu kommen. Aber er fügte hinzu:

„Mark, ich fürchte, dass wir kein Geld haben, um dich zu bezahlen. Wenn du zusagst, wirst du aus Glauben leben müssen. Brauchst du noch etwas Zeit, um darüber zu beten?"

„George, ich habe nur auf deinen Anruf gewartet. Gott hat bereits zu mir gesprochen, sodass ich keine Bedenkzeit brauche, um darüber zu beten. Es ist okay für mich."

Also fing ich an, für *Impact Missions* zu arbeiten und die *Action-Teams* zu leiten.

Relativ kurze Zeit später hatte ich den Eindruck, dass Gott zu mir sagte, dass er Georges Horizont erweitern wollte und für eine Veränderung in seinem Leben sorgen würde. Er zeigte mir deutlich, dass auch ich bei *Impact Missions* aufhören sollte, wenn George ginge.

Da Gott mich in seiner Gnade darauf vorbereitet hatte, war ich nicht überrascht, als George mir eines Tages mitteilte, dass er aufhörte, weil er glaubte, dass Gott ihn zu den Westindischen Inseln und in andere Regionen rief. Er sagte mir, dass er vorhatte, einen Stützpunkt im Vereinigten Königreich aufrechtzuerhalten. So versuchte er, mir das Gefühl zu geben, mich nicht im Stich zu lassen, aber er dachte, er würde mir den Boden unter den Füßen wegziehen.

Ich konnte ihn beruhigen, indem ich ihm erklärte, dass Gott mich bereits vorgewarnt hatte, dass es zu diesem Schritt kommen würde. So konnte ich ihn mit meinem vollen Segen freigeben. Ich hatte so viel von George gelernt und bis zum heutigen Tag zählt er zu denen, die mein Leben maßgeblich beeinflusst haben. Hinsichtlich seiner Leidenschaft für die Verlorenen und seiner Vision, die Gemeinde zu mobilisieren, um diese zu erreichen, war ich mit ihm auf einer Wellenlänge. Seine Integrität, sein Glaube und die erfahrbare Gegenwart des Heiligen Geistes in seinem Dienst haben mich für alle Zeiten geprägt.

In dieser Phase war es auch, dass ich irgendwie Assistenzpastor in der Elim Gemeinde wurde, in der ich zum Glauben gefunden hatte. Ich sage deshalb „irgendwie", weil ich keine der eigentlich erforderlichen Kriterien erfüllte. Insbesondere war ich nie ordiniert worden.

Nichtsdestotrotz bat mich Stephen Derbyshire, der mittlerweile die Nachfolge von Barry Killick als Hauptpastor angetreten hatte, als Assistenzpastor Teil des Leiterschaftsteams zu werden. Ich sollte für den Bereich Evangelisation verantwortlich sein. Gottes Timing hätte nicht besser sein können, denn dieses Angebot traf mit der Beendigung meiner Tätigkeit bei *Impact Missions* zusammen.

Da war ich nun und leitete in der Elim Gemeinde in Ilford den Bereich Evangelisation. Die ganze Zeit über musste ich daran denken, wie verrückt das war. Ich weiß noch, wie ich als taufrischer Christ Barry Killick auf dem Podium beobachtete und dachte, was für er ein erstaunlicher Prediger er war. Damals glaubte ich, dass ich niemals dort stehen, geschweige denn, so predigen könnte. Dass ich nun plötzlich auf eben diesem Podium stand und genau das tat, warf in mir natürlich schon die Frage auf, wie um alles in der Welt ich dorthin gelangt war.

Wynne Lewis, der Generalsuperintendent der Elim Gemeinde fragte mich immer wieder, ob ich meine Prüfungen schon absolviert hätte. Wenngleich ich mich schuldig fühlte, dass ich sie nicht gemacht hatte, war ich doch nie motiviert, diese zu Ende zu bringen – wahrscheinlich, weil ich vollauf damit beschäftigt war, mit den Missionsteams möglichst überall Einsätze durchzuführen.

An vielen dieser Missionsreisen nahm ein reizendes junges Mädchen aus Essex teil. Sie hatte eine Leidenschaft für Jesus und wie ich das Verlangen, die Verlorenen zu erreichen. Obwohl ich zuvor noch nie daran gedacht hatte, zu heiraten, erkannte ich, dass Gott uns zusammenführte. Linda und ich heirateten im Sommer 1989, unmittelbar nachdem wir den Billy-Graham-Missionseinsatz in West Ham abgeschlossen hatten.

Danach reiste sie mit mir, wann immer es ihr beruflich möglich war. Ich lehrte in den von mir besuchten Gemeinden die gleichen evangelistischen Methoden, die ich von George gelernt hatte. Wir gingen mit dem Flipchart auf die Straße und luden die Menschen zu einem Heilungsgottesdienst in der Gemeinde ein, mit der wir zusammenarbeiteten.

Mein Herzensanliegen war es immer, die Zeichen und Wunder, die in der Gemeinde geschahen, auch auf der Straße zu erleben. Wenn ich unterschiedliche Gemeinden besuchte, in denen Menschen in den Gottesdiensten wunderbar gesegnet wurden, war es für mich frustrierend, dass die Anwesenden bereits überwiegend Christen waren. Ich hatte ein leidenschaftliches Verlangen, die Außenstehenden zu erreichen, und nicht jene, die bereits Teil der Gemeinde waren.

Und noch etwas frustrierte mich. Wir mussten Menschen zu den Heilungsgottesdiensten in ein Gemeindegebäude einladen, weil wir die Gemeinde nicht dazu bewegen konnten, auf die Straße zu gehen, um für die Kranken zu beten. Wir hatten eine großartige Zeit in den Gottesdiensten, aber ich wusste, dass der Dienst nach meinem Weggang nicht fortgeführt würde, weil die Christen nicht ausgerüstet waren, auf die Straße zu gehen. Man hatte mich hinsichtlich dessen, was man auf den Straßen tun sollte, etwas vollkommen anderes gelehrt.

In Epheser 4, 11-12 heißt es:

Und er hat die einen als Apostel gegeben und andere als Propheten, andere als Evangelisten, andere als Hirten und Lehrer, zur Ausrüstung der Heiligen für das Werk des Dienstes, für die Erbauung des Leibes Christi ...

Aufgrund dieser Verse erkannte ich, dass Gott der Gemeinde Menschen gegeben hat, die in bestimmten Bereichen eine besondere Begabung haben – Menschen, die berufen sind, nicht nur in ihrer spezifischen Gabe zu agieren, sondern die Gemeinde für das Werk des Dienstes zuzurüsten.

Ich erkannte, dass ich mit meinen gottgegebenen Gaben der Heilung und des Evangelisierens in Gemeinden gehen konnte, wo wenig Heilungen geschahen und kaum evangelisiert wurde, und aufgrund meiner Gabe mehr bewirken konnte als viele andere. Außerdem könnte ich meinen Glauben einsetzen, um einen Durchbruch zu bewirken.

Ich wusste, dass Gott mich als Katalysator gebrauchte, um Heilung und Errettung freizusetzen. Aber ich wollte, dass diese Dinge nach meiner Abreise in den jeweiligen Gemeinden fortgeführt werden. Die einzige Möglichkeit, um das zu bewirken, bestand darin, einen Weg zu finden, um die Gemeinde für den Dienst auf der Straße zuzurüsten. Das war mein Dilemma. Wie konnte ich den Menschen dieses Anliegen nahebringen? Wie konnte ich einen Weg finden, um die Gemeinde an die Hand zu nehmen und ihr zu zeigen, wie sie es mir gleichtun konnte?

Ich konnte Menschen in den Dingen unterweisen, die mir selbst gelehrt wurden, aber ich hatte kein Konzept, sie das zu lehren, was ich aus schlichtem Gehorsam Gott gegenüber getan hatte, weil mich niemand gelehrt hatte, das zu tun. Ich suchte nach einer effektiven Möglichkeit für die Gemeinde, die Sicherheit der eigenen vier Wände zu verlassen und dorthin zu gehen, wo die Menschen sind – also dorthin, wo sie meiner Meinung nach eigentlich hingehörte.

4

GEH, HEILE DIE KRANKEN

Als ich für *Impact Missions* arbeitete, wurde ich in den unterschiedlichsten evangelistischen Methoden unterwiesen: Flipchart-Evangelisation; Straßenpredigt; Pantomime; Schauspiel; Gebrauch von Traktaten und von Haus zu Haus zu gehen. Doch jetzt fing Gott an, etwas anderes zu betonen.

Ich war mit einem Team nach Sandwell in Dudley gereist und wir positionierten uns in der Fußgängerzone vor einem Einkaufszentrum. Ein Platz, an dem das Herz jedes Evangelisten höher schlagen würde, weil dort Tausende Menschen vorbeigingen. Ich bin immer wieder bewegt, wenn ich solche Menschenmassen sehe, denn wenn es an einem so belebten Ort zu einem geistlichen Durchbruch kommt, werden wahrscheinlich sehr viele Menschen auf einen Schlag in das Reich Gottes gespült.

Wir begannen unseren Einsatz mit der Aufführung eines Stücks mit dem Titel „Der Hühner Sketch", das ich niemals vergessen werde. In einer Szene des Sketches mussten wir umherrennen und dabei so tun, als wären wir Hühner. Dreißig erwachsene Männer und Frauen, mich eingeschlossen, rannten gackernd wie Hühner und mit den Armen schlagend auf der Straße im Kreis herum.

Ich hatte vorab gebetet: „Herr, wenn dies der Weg ist, um den zerbrochenen Menschen auf unseren Straßen deine Liebe nahezubringen, werde ich das beste Huhn sein, das es je gegeben hat."

Aber als die Menschen an uns vorbeigingen, konnte man an ihrem Gesichtsausdruck erkennen, dass sie peinlich berührt waren, fast so, als würden sie sagen: „Was immer du auch tust, aber sieh diese armen „Hühner" nicht an. Mach es ihnen nicht noch schlimmer, als es schon ist."

In diesem Moment spürte ich, wie lächerlich wir alle wirkten. Kein Wunder, dass die Menschen uns nicht die geringste Aufmerksamkeit schenkten. Genaugenommen ignorierten sie uns ganz bewusst, weil sie sich unserer schämten.

Danach dachte ich:

„Gott, es muss eine bessere Möglichkeit geben als diese."

Ich hatte in der Bibel gelesen, wie Jesus umherging und Zeichen und Wunder wirkte. Und es fesselte mich, als ich las, auf welche Weise der Evangelist Philippus Christus verkündigte und wie die Menschen darauf reagierten:

„Die Volksmengen achteten einmütig auf das, was von Philippus geredet wurde, indem sie zuhörten und die Zeichen sahen, die er tat" (Apg. 8, 6).

Das war der Moment, in dem ich wusste, dass ich nicht mehr wie ein Huhn herumlaufen sollte! Ich musste jetzt erst einmal einen Spaziergang machen, um mit dem Herrn zu reden. Als ich das tat, konzentrierte ich mich so sehr auf meine einseitige Unterhaltung mit dem Herrn, indem ich ihm mein Leid klagte, dass ich überrascht war, plötzlich den Ortsausgang erreicht zu haben und vor einer großen Bronzeskulptur einer riesigen Faust mit einem Kreuz zu stehen. Die Darstellung des Kreuzes und die Größe der Skulptur waren faszinierend.

Ich war genau an der Stelle angelangt, wo John Wesley Mitte des 18. Jahrhunderts zu Pferde eingetroffen war, um zu der Volksmenge zu predigen. Die Bronzeskulptur erinnerte an Wesleys Besuch in dieser Stadt. Sie war auf Steinstufen errichtet worden, die den Block repräsentierten, auf dem Wesley stand, damit die Menschen ihn während seiner Predigt sehen und hören konnten.

Ich dachte daran, wie die Herrlichkeit Gottes fiel, als Wesley predigte. Als ich mir vorstellte, wie er genau an diesem Ort predigte, dankte ich Gott für alles, was er getan hatte, während Wesley auf den Straßen diente und ich betete, dass Gottes Herrlichkeit abermals auf eben diese Straßen herabkommen würde.

In diesem Augenblick hörte ich den Herrn sagen: „Geh, heile die Kranken."

Ich wandte mich um und ging mit neuer Hoffnung und Inspiration zurück zu den anderen Teammitgliedern. Ich wusste, dass ich die Stimme des Herrn gehört hatte, aber ich wusste nicht, wie ich seine Anweisungen umsetzen konnte. Als ich zum Team zurückgekehrt war, hatte ich immer noch keine klare Vorstellung davon, wie wir vorgehen sollten, aber ich riss eine Seite der Flipchart ab und schrieb in großen Buchstaben darauf: „Heilungen und Wunder hier. Jesus heilt." Dann nahm ich das Mikrofon und forderte die Menschen auf, für sich beten zu lassen, die Heilung brauchten.

Die erste Person, die nach vorne kam, war ein Mann, der das Rauchen aufgeben wollte. Er sagte, dass er bei verschiedenen Ärzten gewesen sei und alles Mögliche versucht hätte, aber ohne Erfolg. Da nichts geholfen hatte, war er bereit „Gebet" auszuprobieren. Ich leitete ihn im Gebet an, sich von der Sucht loszusagen. Dann betete ich für ihn. Es gab zwar kein sichtbares Anzeichen dafür, dass etwas geschah, während ich betete, aber nachdem ich für ihn gebetet hatte, zog dieser Mann ein Päckchen Zigaretten aus seiner Jackentasche. Er zerknüllte es und warf es mir vor die Füße.

Als ich herunterschaute und das zerdrückte Zigarettenpäckchen auf dem Boden liegen sah, nahm ich das Mikrofon mit neuem Elan und Kühnheit in die Hand und proklamierte laut und voller Zuversicht:

„Falls jemand mit dem Rauchen aufhören will, kannst du jetzt frei werden. Gott will dich befreien."

Es bildete sich eine lange Reihe und die Zigarettenschachteln stapelten sich schon. Als einer der Vorbeigehenden versuchte, die Zigarettenschachteln an sich zu nehmen, sagte ich: „Finger weg, die gehören mir." Diese

Zigaretten waren meine Trophäen und niemand würde sie mir wegnehmen.

Dann kam jemand und fragte: „Nun, ich habe Arthritis. Kann Gott mich davon heilen?

Ich beschloss in meinem Herzen, von nun an für die Kranken zu beten, wann immer ich auf den Straßen war, denn Jesus hatte gesagt: *„Geh, heile die Kranken und sage den Menschen, dass das Reich Gottes nahe ist."* Es war so einfach, dass ich mich fragte, wie ich das die ganze Zeit übersehen konnte.

Immer, wenn ich nun auf die Straße ging, brach Gott mit Zeichen und Wundern durch. Es war erstaunlich. Das Gebet für die Kranken endete häufig damit, dass die Menschen rücklings auf das Betonpflaster fielen. Es war nichts Ungewöhnliches, jede Menge Bürger der Stadt auf der Straße liegen zu sehen, weil sie unter der Kraft Gottes zu Boden gegangen waren.

Einmal war ich in Weston-Super-Mare und es hatte stark geregnet. Die gepflasterte Hauptstraße verlief abschüssig und zwischen den Pflastersteinen hatten sich Pfützen gebildet. Als ich anfing, für die Kranken zu beten, trat eine ältere Dame vor. Sie trug einen Regenmantel, eine Regenhaube aus Plastik und eine Handtasche über ihrer rechten Schulter. Ich schickte ein Stoßgebet gen Himmel: „Herr, bitte lass sie nicht zu Boden fallen, denn sie ist schon über achtzig und ich möchte nicht, dass sie durchnässt wird. Aber wir brauchen hier ein Zeichen und ein Wunder, Herr."

Ich fragte sie: „Was soll Jesus denn für Sie tun?"

Sie erzählte mir, dass sie im Nacken Arthritis hatte. Also legte ich meine Hand auf ihren Nacken und befahl der Arthritis zu verschwinden. Plötzlich plumpste sie vornüber und berührte ihre Zehen. Es war, als ob ihre Beine einzementiert wären, aber von der Hüfte aufwärts ruhte sie im Geist. Meine rechte Hand hatte ich immer noch auf ihrem Nacken liegen, und als ich sah, dass ihre Handtasche von der rechten Schulter rutschte, versuchte ich, sie mit meiner linken Hand zu schnappen.

Der Pastor der Gemeinde, mit der wir bei diesem Einsatz zusammenarbeiteten, kam mit einem entsetzten Gesichtsausdruck zu mir herüber. Er fragte sich, was um alles in der Welt ich dieser armen Frau antat. Inzwischen war ich von einer Menschenmenge umgeben und alle starrten mich an. Stell dir das Bild vor: Während diese Frau ihre Zehen berührte, hatte ich meine rechte Hand immer noch auf dem Nacken dieser Frau und mit meiner rechten Hand hielt ich ihre Handtasche.

Ich zog schnell meine Hand zurück, aber sie berührte weiterhin ihre Zehen. Während sie in dieser Position verharrte, predigte ich die nächsten zwanzig Minuten. Ich war mir nicht sicher, was ich tun sollte. Ich war jedes Mal überrascht, was Gott tat, aber da ich wegen des Rückens dieser armen Frau besorgt war, berührte ich sie schließlich an der Stirn. Sie richtete sich auf und bewegte ihren Hals in beide Richtungen seitwärts. Sie war vollständig geheilt. Die Arthritis war verschwunden. Dinge wie diese geschahen häufig.

Jedes Mal, wenn ich in eine Gemeinde eingeladen wurde, lehrte ich die Menschen, was ich von George Miller und bei *Impact Missions* gelernt hatte – wie man einen Bekehrungsaufruf macht, wie man Kranken die Hände auflegt und für Menschen betet –, aber all das geschah noch immer in einem Heilungsgottesdienst der jeweiligen Gemeinde. Ich hatte noch keine Strategie ausgetüftelt, die Gemeinde für den Dienst auf der Straße auszurüsten. Aber Gott öffnete mir viele Türen, sowohl im Vereinigten Königreich als auch in anderen Ländern. Bei unseren Straßeneinsätzen nahm die Manifestation seiner Gegenwart zu und es schien, als führte stetig eins zum anderen. So kam ich über Umwege auch nach Pakistan.

Ich reiste mit einem Team, um eine Gemeinde in Edmonton Green zu ermutigen und sie einiges über Evangelisation zu lehren. Die Gemeinde hatte sich bereits bemüht, Menschen in der Region zu erreichen. Insbesondere versuchte man, mit den Bewohnern eines Hochhauses in Kontakt zu kommen. Ich besuchte diese Gemeinde für ein Wochenende und lehrte dort über Flipchart- und Traktat-Evangelisation. Ich wusste, dass Gott weitaus mehr in petto hatte und nachdem wir das Flipchart bereits verwendet hatten, riss ich eine Seite des Blocks ab und schrieb „Wunder und Heilungen" darauf.

Ich erblickte eine Frau, für die Gott mir ein Wort der Erkenntnis gab, weil er sie befreien wollte. Da sie einverstanden war, für sich beten zu lassen, trat sie vor. Mittlerweile sorgte ich dafür, dass immer jemand hinter der Person stand, für die gebetet wurde, um diese gegebenenfalls aufzufangen. Als ich für diese Frau betete, ging eine Mutter mit ihrer Tochter vorbei. Sie waren Griechinnen und die Mutter wandte sich zu ihrer Tochter und sagte zu ihr auf griechisch:

„Dieser Mann versucht allen vorzugaukeln, dass Jesus heutzutage noch heilen würde. Er starb vor 2.000 Jahren. Das ist das Ende der Geschichte."

Doch neben mir stand einer der Gemeindeleiter. Er hieß John und „zufälligerweise" war er Grieche, sodass er jedes Wort verstand, das die Mutter gesagt hatte. Mutter und Tochter erstarrten vor Schreck, als er ihnen in ihrer Muttersprache entgegnete:

„Warum glauben Sie nicht, dass Jesus gestern und heute und in Ewigkeit derselbe ist. Schauen Sie einfach mal, was er tun wird."

Ich liebe Leiter, die voller Glauben sind. Johns Reaktion verlieh meinem Gebet noch einmal den richtigen Schub. Während ich für diese Frau betete, hechtete sie zu meinem Erstaunen buchstäblich kopfüber an mir vorbei, drehte sich mitten in der Luft und landete irgendwie hinter mir auf dem Rücken. Das war ein erstaunliches Manöver ihrerseits. Ich schaute den verdutzten Mann an, der hinter ihr stand und gab ihm gestikulierend zu verstehen: „Warum hast du sie nicht aufgefangen?"

Das Ganze hatte zur Folge, dass sich eine große Menschenmenge bildete und den ganzen Nachmittag über Menschen geheilt und befreit wurden. Jeder Einzelne bezeugte über das Mikrofon, was Gott für ihn getan hatte. Auch die erwähnte Mutter und ihre Tochter, die dagestanden und alles beobachtet hatten, gaben ihr Herz schließlich Jesus. Es war wirklich ein außergewöhnlicher Tag.

Ich war in meiner Wohnung, als etwa zwei bis drei Monate später ein blauer Luftpostbrief durch den Briefschlitz geworfen wurde. Er war von einem Pastor aus Pakistan, der mich eindringlich darum bat, in sein Dorf im Norden des Landes zu kommen.

Da ich in Pakistan keinen Pastor kannte, hielt ich den Brief für einen Schwindel. Ich beabsichtigte jedenfalls nicht, ihn zu beantworten, geschweige denn nach Pakistan zu reisen, deshalb legte ich ihn zur Seite. Doch etwa eine Stunde später klingelte mein Telefon und ein Mann mit pakistanischem Akzent sagte:

„Mark, du kennst mich nicht, aber vor ein paar Monaten war ich in Edmonton Green und sah, dass Gott durch dich auf der Straße Zeichen und Wunder wirkte. Ich habe mit dem Pastor der Gemeinde in Pakistan gesprochen, in der ich sozusagen aufgewachsen bin. Ich erzählte ihm von dir und von dem, was ich gesehen habe.

„Hast du vielleicht einen Brief von ihm erhalten?"

Einigermaßen überrascht antwortete ich:

„Ja, tatsächlich war heute Morgen ein Brief in der Post."

„Nun, es handelt sich wirklich um eine Einladung, nach Pakistan zu kommen. Würdest du bitte darüber Beten?"

Ich wollte wirklich nicht nach Pakistan reisen und deshalb betete ich etwa so:

„Herr, wenn du wirklich – aber auch wirklich – willst, dass ich nach Pakistan reise, musst du mir das wirklich unmissverständlich klar machen, weil ich wirklich nicht dorthin will!"

Als ich am darauffolgenden Sonntag wie gewohnt zum Gottesdienst ging, begrüßte mich eine Frau, deren Schwester kürzlich gestorben war, mit den Worten:

„Mark, letzte Nacht hatte ich einen Traum über dich. In meinem Traum sah ich, wie meine Schwester an einer Straßenecke stand und an die Passanten Traktate verteilte. Als sie mich sah, kam sie zu mir herüber. Sie umarmte mich und fragte: ‚Kannst du nach Pakistan gehen?'

Als ich Nein sagte, fragte sie:

‚Gibt es jemanden in der Gemeinde, den du senden kannst?', und ich antwortete:

‚Ja, Mark kann gehen.'

‚Gut, sende ihn, weil Gott die Arbeit in Pakistan segnet und wenn Mark geht, wird Gott Mark segnen.'"

Nachdem sie mir diesen Traum erzählt hatte, sagte sie:

„Kannst du damit etwas anfangen?"

„Vielleicht", war alles, was ich darauf sagte.

In der Zwischenzeit hatte ich mir überlegt, dass es klug sei, einige Gleichgesinnte zu bitten, darüber zu beten, ob sie mich gegebenenfalls nach Pakistan begleiten wollten – falls ich mich aufmachen würde.

Dann erhielt ich einen Anruf von einem der Ältesten der Gemeinde. Sein Name war Lector. Lector kam aus Jamaika. Er hatte eine sehr tiefe Stimme und konnte extrem gut Geschichten erzählen. Er sagte zu mir:

„Mark, ich bin hier im Gemeindegebäude und du wirst nie erraten, wer neben mir steht."

„Wer?"

„Der Bischof von Pakistan, und er möchte mit dir sprechen."

„Der Bischof von Pakistan steht neben dir und will mich sprechen? Gib ihn mir!"

Ich dachte, er wollte mich veralbern.

Zunächst herrschte Stille, aber dann hörte ich jemanden mit starkem Akzent sagen:

„Hallo, mein Name ist Samuel und ich bin der Bischof von Pakistan."

„Lector, das ist die beste Parodie, die ich jemals von dir gehört habe!"

„Nein, nein! Ich bin wirklich der Bischof von Pakistan!"

Dann erklärte mir dieser Mann, dass er in Amerika an verschiedenen Orten gepredigt hatte, bevor er in das Vereinigte Königreich geflogen sei, um seinen besten Freund aus der gemeinsamen Schulzeit zu besuchen. „Zufälligerweise" war dieser beste Freund Mitglied unserer Gemeinde.

Jetzt wurde mir doch etwas mulmig. Samuel fuhr fort:

„Mein Freund sagte mir, dass du daran denkst, eventuell nach Pakistan zu reisen. Nun, wir haben jedes Jahr ein kleines Treffen mit etwa 50.000 Besuchern und ich möchte dich persönlich einladen, zu kommen und uns zu dienen."

Um meine Ergebenheit auszudrücken, hob ich meine Hände empor.

„Ja, Herr, ich werde gehen."

Im September 1994 reiste ich in diese Nation und erlebte, wie Gott großartige Dinge tat. Für die Gemeinde dort war das eine große Ermutigung. Trotz meiner anfänglichen Widerwilligkeit und den Schwierigkeiten, um in diesem Land predigen zu können, war diese Reise eine der besten meines Lebens.

Wir schauen in den Nebel und erkennen nur wenig. Furcht gibt sich mit dem Wenigen zufrieden. Glaube macht sich auf in das So-Viel-Mehr.

Einige Ereignisse in unserem Leben mögen vollkommen zufallsbedingt erscheinen, aber ich habe festgestellt, dass jeder Ort, an den wir gehen und jeder Mensch, dem wir begegnen, in Gottes Plan für uns von großer Bedeutung ist. Wenn wir bereit sind, mit Gott zu kooperieren, wird er den Plan für unser Leben, der ihn verherrlicht und unser Leben zu einem großen Glaubensabenteuer macht, Schritt für Schritt entfalten.

Solange der Heilige Geist uns leitet, spielt es keine Rolle, welche Route wir nehmen.

5

DIE CHINESISCHE GEMEINDE

Als ich in der Elim Gemeinde in Ilford war, hatte Gott zu mir gesprochen, dass ich unter Chinesen arbeiten würde. Damals dachte ich, das würde für mich bedeuten, nach Hongkong zu gehen, weil Phyllis White, eine der Fürbitterinnen der Gemeinde, mir ein Buch über Jackie Pullinger gegeben hatte – Licht im Vorhof der Hölle. Phyllis, die mich ständig mit Büchern über großartige Männer und Frauen Gottes versorgte, war eine gute Freundin von Jackie. Sie hatte Jackie in einem Brief von mir und meinem Dienst in der Gemeinde berichtet. Sie sagte mir, dass ich bei St. Stephen's Society[1] mitarbeiten könnte, und dass ich nur Ja zu sagen brauchte.

Jackie Pullinger erlebte, dass Heroinabhängige durch Gebet innerhalb von Tagen ohne Entzugserscheinungen frei wurden. Ich war begeistert, denn dies schien eine

---

1   1981 gründete Jackie Pullinger die St. Stephens Society, um Rehabilitationsmöglichkeiten für genesende Drogenabhängige, Prostituierte und Bandenmitglieder zu schaffen.

maßgeschneiderte Gelegenheit für mich. Wie ich es immer bei wichtigen Entscheidungen tat, ging ich auch mit diesem Anliegen vor den Herrn. Zu meinem Erstaunen hatte ich ein klares Nein vom Herrn. Es fiel mir wirklich schwer, Phyllis zu sagen, dass ich nicht nach Hongkong gehen würde.

Für mich war das ebenfalls ziemlich verwirrend, weil ich wusste, dass der Herr zu mir über einen Dienst unter Chinesen gesprochen hatte. Ich verstand nicht, warum ich nicht nach Hongkong gehen und mit Jackie zusammenarbeiten sollte. Ich hörte weiterhin von all den Dingen, die Gott durch ihren Dienst tat. In meinem Herzen wünschte ich mir immer, dort zu sein, wo Gott sich erwies und Wunder geschahen. Schließlich fragte ich mich, ob ich stattdessen vielleicht nach China gehen sollte, aber weil Gott zu Hongkong Nein gesagt hatte und hinsichtlich meiner Fragen China betreffend schwieg, beschloss ich, nicht länger zu spekulieren, was Gott wollte und die ganze Angelegenheit ruhen zu lassen.

Einige Zeit später predigte ich in einem Abendgottesdienst der *Assemblies of God-Gemeinde* in Kent. Als wir gegen Ende des Gottesdienstes anboten, für Menschen zu beten, kam eine Chinesin nach vorne. Sie wurde mächtig von Gott angerührt und als das geschah, erinnerte er mich: „Du wirst Chinesen dienen."

Nachdem ich für sie gebetet hatte, kam der Pastor der Gemeinde, Doug Bean, zu mir und sagte:

„Siehst du die Chinesin, für die du gebetet hast? Nun, sie kam früher in diese Gemeinde, aber jetzt besucht sie eine chinesische Gemeinde in London. Sie ist dort evangelistisch tätig. Ich weiß nicht, weshalb sie heute Abend hierher gekommen ist, aber als du für sie gebetet hast, hat Gott zu mir gesagt, dass du dieser Gemeinde helfen sollst."

Ich hatte sofort den Eindruck, dass Gott mir so bestätigte, dass ich dieser Gruppe von chinesischen Christen helfen sollte. Gott führt Menschen auf einzigartige Weise entsprechend seiner Ziele und Absichten zusammen. Doug stellte mich der Chinesin vor und sie wiederum war maßgeblich daran beteiligt, dass ich mit der *Salvation for Chinese Church* in London in Kontakt kam.

Ich besuchte diese Gemeinde, ermutigte sie und lehrte über Straßenevangelisation. Als ich dort an mehreren Wochenenden Trainingseinheiten abhielt, kam einer der drei Brüder dieser Frau zu mir und sagte:

„Mark, meine Brüder und meine Schwester sind schon eine ganze Weile Christen, aber wir hatten immer das Gefühl, dass uns irgendetwas daran hinderte, engere Gemeinschaft mit Gott zu haben. Letzte Nacht träumte ich, dass wir als Babys Götzen dargebracht wurden und dass jeder von uns nach einem Götzen benannt wurde. Wir Brüder haben unsere früheren Namen abgelegt und nennen uns jetzt Aaron, John und Josua, aber unsere Schwester hat ihren Namen noch nicht geändert. Sie trägt nach wie vor den Namen eines dieser Götzen. Würdest du bitte für uns beten? Wir glauben, dass wir aus genau diesem Grund bisher an einer engeren Gemeinschaft mit Gott gehindert wurden.

Vor der gesamten Gemeinde leitete ich diese Familie in einem Gebet, sich namentlich von diesen Götzen loszusagen. Als ich mich der Schwester dieser Brüder zuwandte, griff sie mich körperlich an. Sie mussten sich auf sie stürzen, um sie zu bändigen. Die übrigen Gemeindemitglieder waren schockiert, weil sie diese Art von Befreiung noch nie zuvor gesehen hatten. Sie hörten den Dämon sagen, dass er diese Frau nicht verlassen könne, weil viele Chinesen sonst nicht länger an diesen Götzen glauben und sich Jesus zuwenden würden."

„Prima", sagte ich, „raus mit dir!"

Der Dämon verließ diese Frau mit einem gellenden Schrei und in der Gemeinde entstand eine gewisse Unruhe. Die anderen Leiter gerieten in Panik, weil viele Mitglieder der Gemeinde irgendwann einmal bestimmten Götzen dargebracht worden waren. Nun waren sie besorgt, was jetzt mit diesen Menschen geschehen würde. Aber ich wollte mich weder von meinem Lehrinhalt für dieses Wochenende noch von meinem Ziel abbringen lassen, mit dieser Gemeinde auf die Straßen Londons zu gehen. Ich erklärte, dass wir uns zu einem anderen Zeitpunkt mit dem Thema Befreiung beschäftigen könnten, aber heute in die Gerrard Street in Chinatown gehen sollten. Das beruhigte die Gemüter und wir hatten eine erstaunliche Zeit. Was diesen Einsatz so besonders machte, war die Tatsache, dass die liebenswerte Chinesin, die befreit worden war, jemanden zu Jesus führte.

Das Band zwischen der chinesischen Gemeinde und mir wurde enger. Etwa zu diesem Zeitpunkt erlebte eine englischsprachige chinesische Gemeinschaft, die *Emmanu-*

el Evangelical Church (EEC), eine Bewegung des Geistes. Das war eine relativ neue Erfahrung für diese Gemeinde und man war dort begierig, mehr zu lernen und mehr Erfahrungen zu machen.

Es war das Jahr 1994 und in diesem Jahr gab es in Kanada eine machtvolle Bewegung des Heiligen Geistes, die weltweit unter dem Namen Toronto Segen bekannt wurde. Es gab hinsichtlich dessen, was dort geschah, viele Meinungsverschiedenheiten, aber da diese englischsprachige Gruppe von chinesischen Christen hungrig war, mehr über den Heiligen Geist zu erfahren, entschloss sie sich, dorthin zu reisen, um mit eigenen Augen zu sehen, was dort geschah.

Der Besuch in Toronto bewirkte bei diesen Christen ein noch größeres Verlangen nach dem Heiligen Geist und seinen Gaben. Nach ihrer Rückkehr wandte sich der singapurische Pastor der EEC, Chua Wee-Hian, mit der Frage an die *Salvation for Chinese Church*, ob sie dort jemand kannten, der ihnen hinsichtlich dieser Bewegung des Geistes helfen könnte.

So kam es, dass wir einander vorgestellt wurden. Ich wurde eingeladen, an einem bitterkalten Sonntagvormittag im Februar in der EEC zu predigen.

Mittlerweile erlebte ich Zeichen und Wunder, wohin ich auch ging, und so berichtete ich von einigen Begebenheiten, wie Gott sich bei unseren Straßeneinsätzen mächtig erwiesen hatte. Nach Beendigung meiner Predigt trat Wee-Hian ans Mikrofon und sagte:

„Wir werden jetzt mit Mark in die Oxford Street gehen, um all das umzusetzen, was er uns gesagt hat."

Das war mir neu. Ich dachte zuerst, mir sei hier etwas entgangen, aber ich hatte wohl nicht realisiert, dass Wee-Huang tatsächlich wissen wollte, ob ich echt war, ehe er mich einladen würde, um ihnen zu helfen.

Also gingen wir an diesem eisigen Vormittag nach dem Gottesdienst in die Oxford Street. Die gesamte Gemeinde von etwa 150 Mitgliedern begleitete mich. Ein Musiker hatte eine Gitarre dabei, aber er konnte nur ein Lobpreislied spielen, weil seine Finger wegen der Kälte so klamm waren. Nun richteten sich aller Augen auf mich.

Da stand ich nun ohne das übliche Beiwerk und fing an zu predigen. Danach forderte ich die Menschen auf, für sich beten zu lassen. Ein Südamerikaner kam nach vorne. Er konnte kein Wort Englisch sprechen, aber sein Freund übersetzte für ihn. Ich erfuhr, dass er kürzlich erfolglos operiert worden war und starke Schmerzen hatte. Ich fragte ihn, ob er irgendeine Glaubensüberzeugung oder einen religiösen Hintergrund hatte. Wie sich herausstellte, war er in keinster Weise kirchlich geprägt.

Inzwischen hatte Schneeregen eingesetzt, aber dieser Mann richtete seinen Blick weiterhin fest auf mich, als ich meine Hand auf seinen Kopf legte und über seine Verletzung Autorität ergriff und ihr befahl, zu heilen. Während er mich anstarrte, machte er plötzlich so große Augen, dass man meinte, sie würden gleich herausfallen und dann fiel er plötzlich vornüber.

Als er sich etwa in Höhe eines Winkels von 45 Grad über dem Boden befand, gelang es mir, ihn zu fassen und umzudrehen, sodass er nicht mit dem Gesicht auf dem

Asphalt aufschlug, und ihn auf den Rücken zu legen. Der Schneeregen rieselte auf ihn herab, aber seine Augen waren immer noch weit geöffnet und ich predigte jetzt zu einer stattlichen Menschenmenge. Schließlich stand dieser Mann mit einem strahlenden Lächeln im Gesicht wieder auf. Sein Freund und Übersetzer sagte, dass er vollständig geheilt war.

Es war an diesem Vormittag derart kalt, dass ich erstaunt war, dass überhaupt etwas geschah. Aber diese Gemeinde brauchte einfach etwas, was sie mit eigenen Augen sehen konnte. Wee-Huan verabredete sich mit mir für ein gemeinsames Treffen in der darauffolgenden Woche und fragte mich, ob ich ihnen helfen könnte. Ich wusste jetzt, dass dies der Wille Gottes für mich war, da er mich bereits gebraucht hatte, der anderen chinesischen Gemeinde zu helfen. So fing ich Ende März 1996 an, mit Wee-Hian zusammenzuarbeiten.

Mittlerweile war Wee-Hians Gemeinde so sehr gewachsen, dass ein anderes Gemeindegebäude gesucht werden musste. Wee- Hian und ich schauten uns in der Gegend nach geeigneten Gebäuden um, aber die wir uns ansahen, waren gemessen an unseren Erwartungen, was Gott tun wollte, einfach zu klein. Schließlich stießen wir jedoch auf das bebaute Grundstück in der Marsham Street, nicht weit vom Parlamentsgebäude und von Westminster Abbey entfernt. Wir vereinbarten einen Besichtigungstermin. Sobald wir die Eingangshalle des heutigen Immanuel Center betraten, wussten wir, dass dies das Gebäude war, in dem Gott uns haben wollte.

Wir gaben für das bebaute Grundstück ein Anfangsgebot von 1.000.000 Pfund ab und kauften es letztendlich für 1.250.000 Pfund. Einen Tag nach der Schlüsselübergabe bot man uns 8.000.000 Pfund für diesen Grundbesitz! Gott sorgte auf erstaunliche Weise für die erforderlichen finanziellen Mittel, aber das ist eine andere Geschichte.

Am 25. Mai 1997 feierten wir dort unseren ersten Gottesdienst und innerhalb von acht Monaten in diesem Gebäude, waren über 60.000 Menschen durch unsere Türen gekommen. Da wir uns als Verwalter dieses Besitzes betrachteten, ermöglichten wir Gemeinden unterschiedlicher Ausrichtungen, dieses Gebäude zu nutzen. Von Juni 1997 bis April 1999 hielt die Pioneer Church wöchentlich Erweckungsgottesdienste in der Marsham Street ab. Auch unterschiedliche Menschen und Dienste aus der ganzen Welt kamen, um dort zu beten, zu lobpreisen und Konferenzen abzuhalten.

Es war eine äußerst spannende Zeit, bei allem dabei zu sein, was Gott im Emmanuel Center tat, aber es war auch die Zeit, als Gott beschloss, über einen Umzug nach Nordirland mit mir zu reden.

6

DER RUF FÜR NORDIRLAND

Im Laufe der Jahre war ich mehrere Male in Nordirland gewesen und hatte sowohl den Norden als auch den Süden des Landes bereist, um Missionseinsätze durchzuführen. Mein erster Besuch erfolgte während der Unruhen in Nordirland. Ich erinnere mich an die Hinterhalte, die Straßensperren und daran, was für ein Schock es war, dass Waffen ganz offen auf der Straße getragen wurden. Viele dachten, ich sei verrückt, dorthin zu gehen, insbesondere, wenn das bedeutete, in der Shankhill Road in Belfast zu predigen. Von all den Orten, wo ich nicht wohnen und erst recht nicht drei kleine Jungen aufziehen wollte, stand Nordirland wahrscheinlich ganz oben auf der Liste.

Andererseits sah ich während meines ersten Besuchs in Coleraine einige der erstaunlichsten Heilungen, die ich jemals auf der Straße erlebt hatte. Als ich nun ernsthaft anfing, wegen dieses Umzugs zu beten, kehrten die Erinnerungen an diesen ersten Besuch zurück.

Zwei Wochen vor meiner Abreise nach Nordirland hielt ich mich im Haus meines Schwiegervaters auf. Um mir die Zeit zu vertreiben, nahm ich seine Zeitung, den Daily Telegraph, zur Hand und schlug sie wahllos auf der Seite auf, wo eine Kolumne mit der Überschrift „Kunden wandern ab" zu finden war.

Es ging um die Ladenbesitzer in Coleraine, die sich über die Straßenevangelisten beschwerten und behaupteten, dass diese die Kunden mit ihrer kompromisslosen Botschaft „Bekehre dich oder brenne in der Hölle" aus der Innenstadt vertrieben, da die Menschen von dieser Botschaft die Nase voll hätten. Weil das für diese Geschäftsleute ein erhebliches Verlustgeschäft bedeutete, schlugen sie vor, sämtliche Evangelisten von den Straßen Coleraines zu verbannen. Ich konnte kaum glauben, was ich dort las. In vierzehn Tagen würde ich einen Missionseinsatz an einem Ort durchführen, wo Menschen hinsichtlich des Evangeliums bereits verhärtet waren! Bei meinem ersten Besuch war uns die Genehmigung erteilt worden, nach Beendigung der Oberbürgermeisterparade eine Heilungsversammlung abzuhalten. Das schien eine großartige Gelegenheit zu sein, denn auf den Straßen wimmelte es nur so von Menschen, die gekommen waren, um die Festwagen zu sehen. Wir hatten die Genehmigung, unsere Versammlung zu beginnen, sobald die Sperren am Straßenrand entfernt waren.

Wir erkundigten uns bei der Polizei, wann der letzte Festwagen die entsprechende Stelle passieren würde, um die genaue Uhrzeit für unsere Versammlung ankündigen zu können. Der letzte Festwagen kam eine Viertelstunde früher, als wir erwartet hatten. Um nicht die Aufmerksamkeit der Menschen zu verlieren, ergriff eines unserer Teammitglieder, Robbie Jay, ein zeitgemäßer Gospelsänger und Saxofonist aus Atlanta die Initiative. Er sang und spielte Saxofon, während die städtischen Mitarbeiter die Absperrungen entfernten.

Aufgrund dessen, was ich im Daily Telegraph gelesen hatte und weil ich glaubte, dass die Menschen hinsichtlich des Evangeliums verhärtet seien, beschloss ich, besonders die Liebe Gottes hervorzuheben. Sobald Robbie seinen musikalischen Beitrag beendet hatte, nahm ich das Mikrofon und sprach für ein paar Minuten, um zu verhindern, dass die Menschenmenge sich auflöste. Ich sagte den Menschen, dass Gott sie liebte, und forderte diejenigen auf, nach vorne zu kommen, die Heilung brauchten. Niemand reagierte.

Sämtliche Absperrungen waren entfernt worden, aber niemand hatte sich in Bewegung gesetzt. Ich predigte nochmals zehn Minuten und machte erneut einen Heilungsaufruf. Die Menschen blieben genauso regungslos wie zuvor. Folglich predigte ich für weitere zehn Minuten und wiederholte den Heilungsaufruf. Wieder keine Reaktion. Das ging für etwa eine Stunde so weiter.

Ich war vollkommen ratlos. Ich wusste weder, warum die Menschen nicht nach vorne kamen noch, weshalb sie nicht weggingen. Schließlich fragte ich den Herrn: „Was hindert die Menschen daran, auf den Aufruf zu reagieren?" Ich hatte deutlich den Eindruck, dass Angst und Stolz die Gründe waren.

Also betete ich über den Hunderten von Menschen, die dort standen und mich beobachteten. Ich schloss meine Augen, weil ich befürchtete, dass sie alle gehen würden, wenn ich anfing zu beten. Ich ergriff Autorität über Angst und Stolz und setzte dann die Gegenwart und die Liebe Gottes über den Menschen in Coleraine frei. Als ich die Augen öffnete, war ich erstaunt, dass die Leute immer noch wie angewurzelt dastanden. Aber als ich jetzt diejenigen aufforderte zu reagieren, die Gottes Eingreifen in ihrem Leben brauchten, trat ein Mann vor und sagte:

„Ich versuche seit Jahren, mit dem Rauchen aufzuhören. Ich war bei Ärzten und Hypnotherapeuten, aber nichts hat geholfen." Ich hatte erlebt, dass viele Menschen von Nikotinsucht befreit wurden und so sagte ich: „Jesus kann dich befreien."

Ich leitete ihn im Gebet, sich von der Nikotinsucht, dem Verlangen nach Zigaretten und dem Rauchen loszusagen. Als ich dann der Sucht befahl, zu verschwinden, fiel dieser Mann augenblicklich zu Boden. Während ich erklärte, was Gott hier gerade tat, trat die Menschenmenge, die solange unbeweglich geblieben war, nun einen Schritt vor.

Ich machte einen weiteren Aufruf und die nächste Person kam nach vorne. Es handelte sich um eine Frau, die operiert worden war und seither Schmerzen hatte. Sie fiel zu Boden. Als sie wieder aufstand, war sie vollständig geheilt. Die dritte Person, die auf meinen Aufruf reagierte, war eine Studentin aus Belfast. Sie litt an Diplopie und konnte ohne Brille nicht richtig sehen. Ich forderte sie auf, ihre Brille abzunehmen. Ich reichte die Brille an Robbie Jay weiter, legte meine Hände auf ihre Augen und ergriff Autorität über Blindheit, indem ich dieser befahl, zu verschwinden. Auch diese Frau fiel zu Boden. Als sie wieder aufstand, war sie erstaunt, dass sie perfekt sehen konnte. Ihre beiden Freundinnen umarmten sie und tuschelten aufgeregt. Als Robbie ihr die Brille zurückgab, lachte sie nur und sagte: „Die brauche ich jetzt nicht mehr. Ich bin geheilt."

Dann kam ein etwa sechzigjähriger Mann, um für sich beten zu lassen. Auch er fiel unter der Kraft Gottes zu Boden und blieb zwanzig Minuten vollkommen regungslos liegen. Seine Frau ging zu einem unserer Teammitglieder, um ihre Besorgnis darüber zum Ausdruck zu bringen, dass er erst kürzlich eine Bypass-Operation gehabt hatte und nun regungslos dalag. Das Teammitglied antwortete:

„Machen Sie sich keine Sorgen, Gott führt seine Art von Operation aus. Aber wir werden Ihren Mann vom Boden hochheben."

Sie hoben ihn empor, aber er war noch immer vollständig unter der Kraft Gottes. Sie lehnten ihn an eine Mauer und es dauerte weitere zehn Minuten, bis er mit einem breiten Grinsen im Gesicht „wieder zu sich kam". Danach drängten die Menschen nach vorne, um Heilung zu empfangen, und einer nach dem anderen bezeugte, geheilt worden zu sein. Schließlich war das Gedränge so groß, dass Menschen auf Bäume kletterten, um sehen zu können, was Gott tat.

Eine Frau war mit ihrer Mutter gekommen, damit diese geheilt würde. Sie war von der Hüfte abwärts gelähmt und saß im Rollstuhl. Eine Frau weiter hinten in der Menge fragte eines unserer Teammitglieder: „Glauben Sie wirklich, dass Gott diese Frau heilen kann?", weil sie sich dachte: „Wenn ich sehe, dass Gott diese Frau heilt, werde ich meine Tante holen, die ebenfalls gelähmt ist und im Rollstuhl sitzt."

Das Teammitglied sagte: „Ja, ich glaube, dass Jesus diese Frau heilen kann."

Ich legte meine Hände behutsam auf den Kopf dieser Frau. Die Menschen drängten so dicht heran, dass ich mich kaum bewegen konnte. Ich spürte nichts Spezielles, als ich, so gut ich konnte, für diese Frau betete. Aber was in diesem Moment für mich hervorstach, war die Gegenwart Gottes an diesem Ort. Die Atmosphäre war getränkt von einer heiligen Ehrfurcht. Es war die Atmosphäre des Himmels. Sie war elektrisierend und jedermann konnte die Gegenwart Gottes spüren.

Nach Beendigung eines sehr kurzen Gebetes sagte ich: „Machen Sie etwas mit ihren Beinen, das Sie zuvor nicht tun konnten."

Die Beine der Frau schnellten buchstäblich nach vorn. Als ihre Tochter das sah, brach sie in Tränen aus, denn sie wusste, dass ihre Mutter geheilt worden war.

„Möchten Sie einen Spaziergang machen?", fragte ich.

„Oh ja!"

Ein paar Leute versuchten, ihr aus dem Rollstuhl zu helfen, aber weil ich wollte, dass Gott allein alle Ehre bekam, sagte ich. „Bitte, lassen Sie sie in Ruhe. Der Gott, der ihre Beine heilt, wird ihr auch die Kraft geben, dass sie aufstehen und umhergehen kann." Und das tat er.

Sie erhob sich aus ihrem Rollstuhl und ging umher. Die Menschenmenge brach in Lobpreis und Anbetung aus. Die Menschen klatschten, riefen, pfiffen und viele weinten. Als die Menge sich teilte, um sie durchzulassen, hörte man jene Frau, die gefragt hatte: „Glauben Sie wirklich, dass Gott diese Frau heilen kann?" sagen: „Das ist unglaublich!" Als die geheilte Frau sich umdrehte, um zurückzugehen, konnte die eben erwähnte Frau sie schließlich deutlich sehen. Sie erkannte sie sofort und rief: „Das ist meine Tante!" Sie brach in Tränen aus.

Danach drängten viele Menschen nach vorne, um für sich beten zu lassen, aber die Menschenmenge stand so dicht gedrängt, dass viele nicht bis zu uns durchkamen. In der Nähe des Rathauses stand ein Gospel-Bus und die dortigen Mitarbeiter berichteten, das ganze Gruppen von Menschen zu ihnen kamen und sagten: „Wir haben heute Wunder gesehen und jetzt wollen wir wissen, wie wir Christen werden können."

Ein Mann namens Jerry war an jenem Tag auch in Coleraine. Als er die Menschenmenge sah, wollte er herausfinden, was dort vor sich ging und mischte sich ebenfalls unter die Menge. Er war Christ, aber weil er von seinem Glauben zunehmend enttäuscht war, folgte er Jesus nicht mehr länger nach. Ich betete gerade für einen Mann mit einem Spezialschuh, dessen eines Bein kürzer war als das andere. Als Jerry sah, wie das Bein dieses Mannes wuchs, gab dies seinem Leben eine neue Richtung. Er machte wieder ganze Sache mit Jesus und für die nächsten zehn bis fünfzehn Jahre gab Gott ihm auf seiner Arbeit einen prophetischen Dienst, wodurch auch das Leben vieler weiterer Menschen umgekrempelt wurde, die enttäuscht waren und sich in den Alkohol geflüchtet hatten.

Als ich über meinen ersten Besuch in Coleraine 1992 nachdachte, realisierte ich, wie bedeutungsvoll dieser war. Nur wenige Monate später bombardierte die IRA die Stadt und fügte ihr erheblichen Schaden zu.

Ich erinnerte mich auch an einige prophetische Worte, dass Gott mich nach Nordirland berufen würde, und ich hatte jetzt wirklich den Eindruck, dass Gott mir sagte, ich sollte nach dorthin umziehen.

Ich werde oft gefragt, wie ich die Stimme Gottes höre. Ich kann das nur so beschreiben, dass es sich um einen starken Eindruck handelt – ähnlich wie das Echo eines Wassertropfens, der in einen tiefen Brunnen fällt. Wenn du das Echo verpasst oder nicht darauf achtest, wirst du Gottes Reden nicht hören.

Es war das Zusammentreffen von mehreren Dingen, was mir zeigte, dass der Herr zu mir gesprochen hatte. Folglich ging ich zu den Leitern der EEC, um ihnen mitzuteilen, dass ich glaubte, dass Gott mich nach Nordirland berief. Sie schlugen vor, dass wir alle für drei Wochen fasteten und beten, um zu sehen, was Gott uns sagte.

Nun ergab es sich, dass etwa eine Woche bevor die Leiter sich treffen würden, um sich darüber auszutauschen, was Gott gesagt hatte, eine prophetische Fürbitterin die Gemeinde besuchte, um ein Seminar durchzuführen und zu lehren. Ihr Name war Cindy Jacobs. Ich ging ihr bewusst aus dem Weg, weil ich das Gefühl hatte, dass Gott durch sie reden würde!

Die Gemeindeleiter hatten die Gewohnheit, sich jeden Sonntag um 8.00 Uhr zu treffen, um für eine Stunde zu beten. Anschließend beteten sie gemeinsam mit den Fürbittern für eine weitere Stunde. An dem Vormittag, an dem Cindy in der Gemeinde predigen sollte, trafen sich die Leiter, um zusammen zu beten und Wee-Hian fragte jeden Einzelnen, was Gott über mich wegen eines möglichen Umzugs nach Irland gesagt hatte. Niemand hatte etwas Konkretes gehört. Ich konnte das nachempfinden, denn ich wusste, dass sie im Tiefsten ihres Herzens nicht wollten, dass ich gehe.

Ich wollte sicher sein, dass Gott zu mir redete, weil ich für einen so bedeutenden Schritt Gewissheit brauchte.

Cindy Jacobs bestätigte den Ruf. Nach Beendigung ihrer Predigt kündigte sie an, dass sie nun prophezeien würde. Ich beschloss, mich hinter jene Menschen zu stellen, über denen sie weissagte, um diese gegebenenfalls auffangen zu können. Ich bin regelrecht gierig nach allem, was Gott bereithält. Wenn es verfügbar ist, will ich es auch. Als Cindy also über diesem Mann im Business-Anzug weissagte, sagte ich in meinem Innern die ganze Zeit über:

„Ja, ich empfange das, Herr ... und ja, das werde ich auch bekommen."

Plötzlich hielt Cindy inne. Sie beugte sich zur Seite, um hinter diesen Geschäftsmann schauen zu können. Als sie mich sah, sagte sie: „Verzeihung, würdest du bitte einen Schritt zurücktreten? Du empfängst alles, was für diesen Mann gilt."

Nachdem sie über ihm geweissagt hatte, wandte ich mich um, um mich hinzusetzen. Aber sie fasste mich am Handgelenk und richtete ihre Aufmerksamkeit jetzt voll auf mich.

Das war der Moment, in dem ich wusste, dass sie über mir beten würde und so betete ich innerlich:

„Nun Herr, wenn dieser Schritt falsch ist, dann sage es allen. Mach es ganz deutlich, denn ich will keinen Fehler machen. Aber wenn es richtig ist, lass es die Gemeinde wissen, damit sie mich mit ihrem Segen aussenden kann."

Als sie anfing, über mir zu weissagen, erwähnte sie die verschiedensten Orte überall auf der Welt, wo Gott in Zeichen und Wundern wirken würde. Sie zählte viele Länder auf, und sah, wie dort Stadien voll von Menschen waren und viele zu Jesus fanden. Dann sagte sie, dass Gott mir eine Tür geöffnet hätte, durch die ich hindurchgehen sollte.

Ich wusste, dass Gott zur Gemeinde gesprochen hatte und anschließend setzten mich die Leiter mit ihrem Segen frei, um nach Nordirland zu ziehen.

7

UMZUG NACH COLERAINE

Wie bei jedem größeren Umzug mussten viele Dinge geregelt werden. Das Haus in London stand zum Verkauf, aber wir fanden keinen Käufer. So mussten wir die Entscheidung treffen, ob wir unseren Umzug vom Verkauf unseres Hauses abhängig machen würden. Linda und ich beschlossen, in jedem Fall umzuziehen – unabhängig davon, ob wir das Haus verkauften oder nicht. Wir legten das Datum für unseren Umzug fest. Unglaublich, aber einen Tag vor unserer Abreise fand sich ein Käufer. Gottes Timing war perfekt.

Am 21. August 1998 zogen wir mit unseren drei Söhnen – Joshua, Timothy und Jordan nach Nordirland. Wir ließen uns in Coleraine nieder.

Gott hatte mir gesagt, dass ich meinen Dienst niederlegen sollte. Also musste ich zuerst eine Möglichkeit finden, um unseren Lebensunterhalt zu verdienen. Geeignete Arbeitsstellen waren Mangelware und schließlich beschloss ich, mich bei einer Firma zu bewerben, die Produkte mit Isolierverglasung herstellte. Als Erstes wollte ich sicherstellen, dass ich die Türen und Fenster dieser Firma verkaufen konnte, ohne hinsichtlich meiner christlichen Werte Kompromisse eingehen zu müssen. Diese Frage beschäftigte mich während des Vorstellungsgesprächs am meisten. Also fragte ich mein Gegenüber:

„Kann ich diese Tätigkeit reinen Gewissens ausführen? Werde ich nachts ruhig schlafen können, wenn ich diese Fenster verkaufe?"

Der arme Leiter des Vorstellungsgesprächs verwendete jetzt eine Stunde darauf, um mir diese Firma schmackhaft zu machen! Er überzeugte mich derart von der Qualität der Produkte, dass ich den Job annahm.

Als ich anfing, bei dieser Firma zu arbeiten, hatten wir zunächst eine dreiwöchige Schulung. Hinterher kannte ich „meine" Fenster in- und auswendig. Meine Haltung war die, dass ich nun Fenster für Gott verkaufte. Ich wollte der beste Fensterverkäufer aller Zeiten sein. In Kolosser 3, 23 heißt es: *„Was ihr auch tut, arbeitet von Herzen als dem Herrn und nicht den Menschen ..."* Und ich war entschlossen, das zu tun.

Während der Schulung wurde ich von den anderen Verkäufern gefragt, was ich vorher gemacht hatte. Wenn ich ihnen dann von meiner Tätigkeit als Evangelist erzählte, löste das meist ein betretenes Schweigen aus. Keiner wusste, was ein Evangelist war oder tat. Wenn jemand sich traute, mich zu fragen: „Was ist ein Evangelist?", sagte ich einen Satz, den ich einst von einem klugen Mann gehört hatte:

„Nun, nur ein Bettler, der einem anderen Bettler sagt, wo es Brot gibt."

„Aha."

Da ich das Gefühl hatte, lange für diese Firma zu arbeiten, hatte ich es nicht eilig, alle Karten auf den Tisch zu legen. Es reichte fürs Erste, dass mein Arbeitgeber wusste, dass ich an Jesus glaubte.

Ich bekam kein Grundgehalt, sondern arbeitete auf Provisionsbasis. Es lief also darauf hinaus, dass ich nur Geld verdiente, wenn ich Fenster verkaufte. In den vier Jahren, in denen ich dort arbeitete, habe ich viele Menschen kommen und gehen gesehen, aber ich spürte, dass ich Gott vertrauen konnte. Ich wusste, dass Gott sich hinsichtlich unserer Versorgung als treu erweisen würde und ich war zuversichtlich, Aufträge zu bekommen.

Meine Unwissenheit hinsichtlich der religiösen und politischen Situation Nordirlands war hilfreich, damit das geschehen konnte. Wenn ich jemanden fragte, was es mit dem Nordirland-Konflikt auf sich hatte, schien niemand darauf eine passende Antwort zu haben. Wenn es nun in den Regionen etwas zu tun gab, in die die anderen Verkäufer nicht gehen wollten, schickte diese Firma mich dorthin – aber ich war hinterher genauso schlau wie vorher. Ich ging also bereitwillig überall dorthin, wohin man mich sandte – und überall wurde ich gefragt:

„Sie sind nicht von hier, oder?"

Ich respektierte die Menschen, wohin ich auch kam und hatte nie irgendwelche Schwierigkeiten. Mein Ziel war es, Gottes Güte freizusetzen und die Menschen, die ich besuchte, reagierten freundlich.

Anfangs fragte ich mich, wie ich mich verhalten sollte, wenn ich in Konflikte geriete – einerseits meine Arbeit zu tun, indem ich Fenster verkaufte und andererseits als Christ Menschen zu dienen. Die Tatsache, dass ich Christ war, sollte auch nicht als Mittel dienen, um Fenster zu verkaufen. „Ach übrigens, ich bin Christ, Sie können mir vertrauen, dass ich Ihnen keine Lügen erzähle." Ich wollte, dass Kunden die Fenster aufgrund der Art meiner Präsentation kauften. Wäre ich nicht selbst von dem Produkt überzeugt gewesen, hätte ich es auch nicht verkaufen können.

Ich steckte noch in einem weiteren Dilemma. Was sollte ich tun, wenn ich jemanden bei sich zuhause aufsuchte und sich herausstellte, dass ein Familienmitglied krank war? Meine anfängliche Reaktion war die, dass ich die betreffende Person fragen würde, ob ich für sie beten dürfte. Aber Gott sagte mir, dass er mich konkret leiten würde. Also kam ich zu dem Schluss, dass ich ihm einfach in allem folgen und nur dann etwas unternehmen würde, wenn er mich dazu veranlasste.

Mein Kofferraum war vollgepackt mit sehr schweren Koffern, die komplette Muster-Fenster enthielten, einschließlich des Fensterglases, der Verriegelung und der Metallteile. Als ich bei einem meiner ersten Kundenbesuche diese Koffer ins Wohnzimmer eines Hauses schleppte, traf ich auf einen Mann, der in einem Lehnstuhl saß. Sein

Fuß war stark bandagiert und neben dem Lehnstuhl lagen Krücken.

Er entschuldigte sich, dass er mir mit den Koffern nicht helfen konnte und erklärte mir, wie er sich verletzt hatte. Als er einen Anhänger von einem Fahrzeug abkoppelte, war ihm die Anhängerkupplung entglitten. Sie prallte auf seinen Fuß und hatte ihn zerquetscht, sodass er seinen Fuß jetzt nicht belasten konnte.

Ich wollte ihm die beste Fenster-Präsentation bieten, die er je erlebt hatte. Also fing ich damit an, obwohl es offensichtlich war, dass dieses Ehepaar nicht in der Lage war, ein Fenster zu kaufen. Als ich alles wieder einpackte, sagte der Mann zu mir:

„Sie haben heute soviel Gutes für mich getan."

„Inwiefern?", fragte ich.

„Sie haben Besserung an meinem Fuß bewirkt."

In dem Versuch, dafür eine logische Erklärung zu finden, schossen mir alle möglichen Gedanken durch den Kopf. Ich dachte, er hätte mich vielleicht bei einem Einsatz von *Impact Missions* in Coleraine gesehen, als ich für die Kranken betete und jetzt eins und eins zusammengezählt und erwartet, dass sein Fuß geheilt würde.

„Aha, Sie haben mich schon einmal in Coleraine gesehen. Sie wissen, was ich früher gemacht habe."

„Nein, ich sehe Sie heute Abend zum ersten Mal. Aber als Sie ein Fenster vorführten, spürte ich, wie Hitze durch mein Bein und in meinen Fuß floss. Schauen Sie ..."

Er stand auf und stampfte mit dem Fuß auf den Boden. Seine Frau schrie: „Setz dich! Setz dich!"

Zu meinem Erstaunen war der Mann vollständig geheilt, ohne dass ich auch nur ein Wort für ihn gebetet hätte! Anschließend hatte ich das Vorrecht, sowohl ihn als auch seine Frau zu Jesus zu führen.

Als ich dieses Haus wieder verließ, war ich wie benommen. Ich realisierte, dass allein durch meine Anwesenheit Heilung freigesetzt worden war.

Gott zeigte mir noch eine andere Möglichkeit, um Menschen in deren Heim zu dienen.

Viele Eheleute boten mir eine Tasse Kaffee an und sagten zu mir:

„Sie sind nicht von hier, oder?"

Darauf sagte ich: „Nein, bevor ich nach Nordirland kam, lebte ich in London", worauf sie stets antworteten:

„Was hat Sie veranlasst, hierher zu kommen?"

Daraufhin sagte ich: „Lassen Sie uns erst die geschäftlichen Angelegenheiten abschließen. Anschließend werde ich mit Ihnen die versprochene Tasse Kaffee trinken und wir plaudern noch ein bisschen."

Sobald ich meine Koffer weggestellt hatte, erzählte ich ihnen meine Geschichte – wie Gott mich berufen hatte, um den Menschen in Nordirland die Liebe Gottes zu vermitteln. Unabhängig davon, ob sie Fenster kauften oder nicht, konnte ich auf diese Weise Menschen zu Jesus führen und mit ihnen beten.

Gott gab mir auch einige wunderbare Gelegenheiten, meinen Kollegen zu dienen und für die Firma, für die ich arbeitete, ein Segen zu sein.

Einmal war mir aufgefallen, dass Colin, einer meiner Arbeitskollegen, seit einigen Tagen vor Schmerzen humpelte. Ich wollte nicht neugierig wirken, aber seine Beschwerden waren so offensichtlich, dass ich ihn schließlich fragte, was nicht stimmte.

„Es ist so", erklärte er. „Ich war leidenschaftlicher Motorradfahrer, aber vor einigen Jahren hatte ich einen Unfall, bei dem ich von meinem Motorrad stürzte. Ich hatte schwere Verletzungen an den Knien und brach mir ein Bein. Immer, wenn es jetzt regnet oder feuchte Witterungsbedingungen herrschen, bekomme ich diese furchtbar schmerzhafte Arthritis in den Knien."

Ich sagte zu ihm: „Weißt du, ich bin Christ und folge Jesus nach. Ich habe erlebt, dass Menschen geheilt wurden und glaube, dass Gott auch heute noch heilt. Darf ich für dich beten, dass Gott dich heilt?"

„Okay, einverstanden", sagte er schulterzuckend.

„Es ist Zeit für unsere Mittagspause. Sollen wir in das Hinterzimmer gehen, wo wir ungestört sind?"

Liam, unser Geschäftsstellenleiter hatte zufällig mitbekommen, was ich gesagt hatte und als Colin und ich aufstanden, um in erwähnten Raum zu gehen, fragte er: „Kann ich auch mitkommen?"

„Natürlich", sagte ich lächelnd.

Liam, Colin und ich gingen in das Hinterzimmer, in dem auch die Schulungen der Firma durchgeführt wurden. Liam setzte sich auf einen Tisch und während Colin auf einem Stuhl Platz nahm, sagte er:

„Bevor du für mich betest, muss ich noch ein paar Dinge genauer erklären. Als ich mir das Bein brach, wuchs es so zusammen, dass es jetzt kürzer ist als das andere. Das ist der Grund für die heftigen Spannungen in meinen Knien."

Jetzt wurde ich hellhörig, denn ich hatte starken Glauben für das Wachsen von Beinen.

„Und da ist noch etwas, das sehr schmerzhaft ist." Als er sein Hosenbein emporzog, kam ein stark angeschwollener Sack voll Flüssigkeit zum Vorschein, der sich unterhalb der Kniescheibe gebildet hatte. Das sah furchtbar schmerzvoll aus. Ich hatte so etwas noch nie zuvor gesehen und als Liam diese Schwellung sah, rang er nach Luft. Colin fuhr fort:

„Wenn es so schlimm ist, wie jetzt, muss ich mir diesen Sack ausspülen lassen und das ist extrem schmerzhaft."

Da er offensichtlich starke Schmerzen hatte und ich keine Zeit verlieren wollte, sagte ich: „Okay, ich werde jetzt für dich beten. Liam, hast du jemals ein Bein wachsen sehen? Schau genau hin und beobachte, was Gott tun wird."

Ich hielt Colins ausgestreckte Beine fest, betete und als sein Bein zu wachsen begann, sagte er voll Erstaunen:

„Die Schmerzen verschwinden, die Schmerzen verschwinden!" Und unmittelbar darauf:

„Die Schmerzen sind weg!"

Liam fiel vor Schreck beinahe vom Tisch, als er sah, was geschah. Colin hingegen stand auf, ging umher und war total aus dem Häuschen, dass er geheilt worden war. Die Flüssigkeit an seinem Knie war jedoch immer noch da. Um ihn weiterhin zu ermutigen, ermunterte ich ihn:

„Colin, ich glaube, Gott ist dabei, dich vollständig zu heilen."

Als ich am nächsten Morgen ins Büro kam, war Liam hellauf begeistert.

„Mark, hast du es schon gehört?", fragte er.

„Nein, was ist passiert?"

„Es geht um Colin. Er rief mich ganz früh heute Morgen an. Als er heute Morgen aufstand und auf sein Bein sah, war sämtliche Flüssigkeit am Knie verschwunden!"

Im nächsten Augenblick betrat Colin das Büro.

„Mark, sieh dir das an!" Er rollt sein Hosenbein hoch und es waren keine Anzeichen von Flüssigkeit mehr zu sehen. Sein Knie war vollkommen normal.

Die Neuigkeit von Colins Heilung sprach sich schnell bis in unser Hauptbüro in Belfast herum. Wie sich herausstellte, hatte unsere Geschäftsstelle im Vormonat besonders hohe Umsätze erzielt – die Verkaufszahlen waren sogar so gut, dass der Generaldirektor beschloss, unsere Geschäftsstelle in Campsie zu besuchen, um jedem Mitarbeiter persönlich zu danken und seine Anerkennung durch ein gemeinsames Essen zum Ausdruck zu bringen. Als wir dann in einem Restaurant beim Essen saßen, wandte sich der Generaldirektor mir zu und sagte:

„Mark, ich habe gehört, was mit Colin passiert ist."

„Was hast du gehört?"

„Nun, ich habe gehört, dass du ihn geheilt hast."

„Nein, nicht ich habe ihn geheilt, sondern Jesus."

An diesem Punkt ergriff Colin das Wort, um seine Geschichte zu erzählen, und Liam warf dabei enthusiastische Kommentare ein, wie: „Es ist wahr" und: „Ich war dabei" und: „Ich habe es mit eigenen Augen gesehen."

Der Generaldirektor sagte: „Ich habe ebenfalls schlimme Knie dazu noch gravierende Hüftprobleme vom Rugbyspielen und Nackenprobleme von einem Schleudertrauma, das ich bei einem Autounfall erlitten habe."

„Wirklich?", sagte ich. „Möchtest du, dass ich nach dem Mittagessen für dich bete, damit Gott dich ebenfalls heilt?"

„Würdest du das tun?"

„Natürlich."

Also gingen wir nach dem Essen in den Schulungsraum, in dem ich auch für Colin gebetet hatte, nur dass dieses Mal sämtliche Mitarbeiter dabei waren, weil sie sehen wollten, was Gott tun würde. Als der Generaldirektor auf einem Stuhl Platz genommen hatte, wurde er augenblicklich vollständig von allem geheilt, was in seinem Körper nicht stimmte. Er war buchstäblich sprachlos und emotional derart aufgewühlt, dass er aus dem Zimmer stürmte, in sein Auto sprang und den ganzen Weg zurück nach Belfast fuhr. Er tat das auch, um einen Gefühlsausbruch vor den Augen aller zu vermeiden. Wir waren total verblüfft, denn eigentlich war für uns Mitarbeiter eine Schulungseinheit mit ihm vorgesehen gewesen!

Die gute Nachricht, von dem, was Gott tat, verbreitete sich. Und so war es nicht ungewöhnlich, dass bereits Menschen auf mich warteten, wenn ich morgens ins Büro kam, damit ich für sie betete. Eines Morgens wartete einer der besten Monteure der Firma auf mich.

„Mark, ich habe starke Schmerzen. Zusammen mit einem anderen Monteur habe ich eines dieser großen Verbundglasfenster hochgehoben. Ich hätte das gar nicht erst versuchen sollen, denn eigentlich braucht es dafür fünf Männer, aber ich wollte es einfach hinbekommen. Wie auch immer, ich habe es jetzt so schlimm im Rücken, dass ich kaum noch laufen, geschweige denn etwas heben kann. Die Schmerzen sind so unerträglich, dass ich nicht arbeiten kann. Und wenn ich nicht arbeiten kann, verdiene ich nichts. Könntest du bitte für mich beten?"

„Natürlich kann ich das! Lass uns ins Hinterzimmer gehen."

In dem Moment, in dem ich für ihn betete, wurde er von Gott geheilt. Dieser Mann war so begeistert und verwundert, dass er sich gleich ans Telefon hängte und allen möglichen Leuten, einschließlich seines Mitarbeiterteams, erzählte, was Gott für ihn getan hatte. Er ging direkt wieder an die Arbeit!

Während ich für diese Isolierglasfirma arbeitete, erlernte ich einige Fertigkeiten und die ganze Zeit über gab Gott mir in puncto Heilung neue Einblicke.

Als wir in Nordirland eintrafen, schlossen Linda und ich uns der Gemeinde in Coleraine an, die uns hinsichtlich unseres Umzugs entscheidend geholfen hatte. Leider entwickelten sich die Dinge dort nicht so recht in die richtige Richtung. Wir spürten, dass dies nicht der Ort war, an dem Gott uns haben wollte, und so verließen wir diese Gemeinde nach etwa einem Jahr.

Rückblickend kann ich heute sagen, dass das ein Sprungbrett für uns war, aber damals war ich ziemlich deprimiert. Ich dachte, ich hätte es vermasselt. Wir hatten Westminster inmitten einer Erweckung verlassen und ich empfand den Wechsel nach Nordirland wirklich als schwierig.

Ich hatte keine Ahnung, weshalb ich dort war und das Haus, das wir gemietet hatten, gefiel mir auch nicht. Linda jedoch fühlte sich dort gleich zu Hause, obwohl ich spürte, dass es für sie viel schwerer war, weil sie ihre Eltern und ihre gesamte Familie in England zurückgelassen hatte. Ich war überwältigt, dass sie und die Jungs so sehr hinter mir standen, aber paradoxerweise fühlte ich mich deswegen sogar noch schlechter.

Als ich mich eines Abends voll Selbstmitleid auf unser übelriechendes, verschlissenes Sofa setzte, drang eine Feder durch den Sitzbezug und zerriss meine beste Hose. Von dem Moment an, als mir die Feder ins Gesäß stach, fing Gott an, mit bestimmten Bereichen meines Lebens zu handeln, in denen eine Veränderung nötig war. Er vergeudete keine Zeit, meinen Charakter zu läutern, um mich auf Zukünftiges vorzubereiten. Er rüttelte mich selbst in Bereichen auf, in denen ich es nicht für erforderlich hielt.

Unser Sofa hatte zwar schon bessere Zeiten gesehen, aber ich hätte dennoch eine Haltung der Dankbarkeit einnehmen sollen – stattdessen jammerte ich. Gott musste mich lehren, in jeder Situation zufrieden zu sein. Er hatte mich bereits mit dem Thema Autos konfrontiert, weil ich in dieser Hinsicht schon ein bisschen ein Snob war. Jemand schenkte mir einen alten Vauxhall Vectra – aber bevor ich Christ wurde, hätte ich mich nicht einmal dazu herabgelassen, mich in ein solches Auto zu setzen, geschweige denn, es zu fahren!

Mein Charakter hatte raue Ecken und Kanten, die entfernt werden mussten und erwähnte Feder löste etwas in mir aus, sodass Gott an meinem Charakter arbeiten konnte.

Als wir nach einer Weile noch immer keine Gemeinde gefunden hatten, in der wir uns am rechten Platz wussten, fing ich an, mehr und mehr zu hinterfragen, was ich überhaupt in Nordirland sollte. Tatsächlich wollte ich ja von vornherein nicht dorthin ziehen – Gott hatte mir gesagt, ich solle meinen Dienst loslassen und der einzige Job, den ich jetzt finden konnte, bestand darin, Isolierverglasung zu verkaufen.

Ich dachte: „Entweder hat Gott Sinn für Humor oder ich habe es total vermasselt." Ich hatte viele unterschiedliche Gemeinden besucht, aber als ich eines Sonntagvormittags wieder einmal in einer Gemeinde saß, spitzten sich die Dinge schließlich zu. Ich stellte alles infrage. Ich bezweifelte, überhaupt jemals von Gott gehört zu haben und ich hatte das Gefühl, einen großen Fehler gemacht zu haben. Also betete ich:

„Gott, falls ich einen Fehler gemacht habe, lass mich erkennen, wo ich vom Weg abgekommen bin. Ich bin hier, weil ich dir folgen und gehorchen will – also brauche ich deine Hilfe, Herr. Bitte gib mir einen Hinweis oder ein Zeichen, dass ich das Richtige tue."

Bei einem meiner ersten Besuche in Coleraine hatte man mir eine wunderbare ledergebundene Bibel überreicht, die ich noch nie benutzt hatte. Tatsächlich befand sie sich noch in der Schachtel, in der ich sie erhalten hatte. Ich hatte sie nie aus der Box herausgenommen, selbst dann nicht, als sie mir übergeben wurde. Ich hatte mich bei der Gemeinde für dieses großartige Geschenk bedankt und es dann zuhause ins Bücherregal gestellt. An diesem Sonntag hatte ich die Bibel vor dem Gottesdienst jedoch aus irgendeinem Grund aus der Box genommen und ging mit dem Gedanken in die Gemeinde, dass ich diese neue Bibel benutzen sollte.

Als ich so in der Gemeinde saß, war ich noch nicht einmal in der Lage, die Predigt zu verfolgen. Ich schrie zu Gott:

„Bitte hilf mir. Ich bin hier aus Gehorsam dir gegenüber, aber ich brauche deine Hilfe."

Ich schlug die Bibel auf. Zwischen den Seiten steckte ein Foto, das ich noch nie zuvor gesehen hatte. Man hatte es dort hineingelegt, als mir die Bibel von der Gemeinde übergeben wurde. Es handelte sich um ein Foto von Linda und mir, das im Jahr 1994 während einer Zeltevangelisation in Coleraine aufgenommen worden war.

Dieser Besuch in Coleraine hatte eine ganz besondere Bedeutung für mich. Als ich dort in dem Zelt predigte, kam eine weiße Taube durch eine Öffnung im Zeltdach geflogen und ließ sich direkt über mir nieder. Ich konnte sie nicht sehen, aber alle anderen starrten in ihre Richtung, und als ich mich umdrehte, um zu sehen, was sie anstarrten, flog die Taube auf demselben Weg hinaus, wie sie hereingekommen war.

Es war vorgesehen, dass wir diese Evangelisation in der Stadthalle abhielten, die nach dem Bombenanschlag der IRA 1992 neu aufgebaut wurde. Da die Bauarbeiten noch nicht vollständig abgeschlossen waren, bezahlte die Stadtverwaltung uns die Kosten für die Nutzung eines Zeltes im Anderson Park, direkt neben den Rosengärten.

Ich erinnerte mich auch an einen im Vorfeld der genannten Evangelisation gemachten Besuch bei einer Gemeinde in dieser Stadt, bei dem ebenfalls eine Taube aufgetaucht war. An einem Samstag flog ich zurück nach England, aber als ich am Sonntag zuvor im Gottesdienst für Menschen gebetet hatte, und diese nun nach vorne kamen, um von ihrer Heilung zu berichten, flog eine weiße Taube hinauf in das Kirchenfenster direkt hinter ihnen. Alle konnten die Taube am Fenster hinter den Menschen sehen, die sich davor versammelt hatten, um Zeugnis zu geben.

Ich starrte auf das Foto von Linda und mir, das auf dem Feld aufgenommen wurde, wo die Zeltevangelisation durchgeführt worden war. Timothy war noch ein Baby und lag im Kinderwagen. Linda und ich standen Arm in Arm und im Hintergrund sah man auf der andern Straßenseite die Ladenfront der Firma, für die ich zu der Zeit als Verkäufer für Isolierverglasung arbeitete. Da diese Niederlassung inzwischen geschlossen wurde, wusste ich beim Betrachten des Fotos, dass Gott mich seinerzeit geleitet hatte. Das war seine Art, mir zu zeigen, dass ich auf Kurs war. Ich war wirklich am richtigen Platz.

„Danke Gott", flüsterte ich. Genau das hatte ich jetzt gebraucht und so legte ich das Foto wieder zwischen die Seiten und schlug die Bibel zu.

Ich blieb vier Jahre bei der Isolierglas-Firma, aber diese Phase war Teil einer sechseinhalbjährigen Wüstenzeit in meinem Leben. Ich hatte den Eindruck, Gott sagte zu mir:

„Mark, früher bist du hingegangen, wohin du wolltest und ich ging mit dir, aber das ist jetzt vorbei. Jetzt werde ich dich an die Hand nehmen und dich führen und du wirst mit mir gehen. Du sollst durch die Türen gehen, die ich öffne. Stoße keine Türen auf. Ich werde etwas Neues tun."

Ich wusste wirklich nicht, was Gott damit meinte, aber zu dieser Zeit erfuhr ich, dass Alan und Kathryn Scott an der Causeway Coast eine Vineyard-Gemeinde gründeten. „Zufälligerweise" waren sie in derselben Woche, demselben Monat und demselben Jahr nach Coleraine gezogen wie Linda und ich, aber wir wussten nichts von ihnen und auch nichts von Vineyard. Ich hatte zwar früher schon einige John Wimber-Konferenzen besucht, mit dem Resultat, dass ich großen Respekt vor diesem Mann hatte und alles liebte, was Gott durch ihn tat. Aber ich wusste nichts von der Vineyard-Bewegung und das es Vineyard Gemeinden gab.

Da ich eine Gemeinde suchte, in der Menschen mich nicht kannten und in der ich Gott gehorsam sein konnte, ohne dass mich jemand drängte, zu predigen, traf ich mich mit Alan und Kathryn. Ich erzählte ihnen von meinem Eindruck, dass Gott mir gesagt hatte, ich solle meinen Dienst niederlegen. Sie ermutigten mich, die Gottesdienste zu besuchen, um mit ihnen gemeinsam anzubeten und versicherten mir, dass mir gegenüber keinerlei Erwartungen bestünden.

Ich war sehr erleichtert. Die sonntäglichen Treffen im Edgewater-Hotel, der Blick aufs Meer und Kathryn als Lobpreisleiterin – es war, als ob der Himmel sich öffnete und ich wusste, dass Gott mich hier haben wollte. Endlich hatte ich das Gefühl, mein geistliches Zuhause gefunden zu haben. Diese Anfangsjahre waren für mich eine kostbare Zeit der Heilung.

Ich erfuhr hinsichtlich einiger früherer Verletzungen aus Beziehungen und in Bezug auf Zerbrochenheit innere Heilung. Darüber hinaus gelangte ich in eine neue Freiheit und Zuversicht, um der zu sein, zu dem Gott mich gemacht hatte. Ich wusste um die Gabe und Berufung auf meinem Leben. Durch die Gemeinschaft mit den Scotts kam ich in die Freiheit, ich selbst sein zu können, ohne das Gefühl zu haben, den Erwartungen anderer entsprechen zu müssen.

Ich benötigte auch körperliche Heilung. Mittlerweile hatte ich vier Jahre als Isolierglasverkäufer gearbeitet und mir durch das Herumschleppen sowie das ständige Ein- und Ausladen der schweren Koffer den Rücken lädiert. Die Schmerzen waren unerträglich und mein Arzt sagte mir, dass ich den Beruf wechseln müsste. Ich befolgte seinen Rat, und da Linda kürzlich in Teilzeit ein Geschäft eröffnet hatte, das sich gut entwickelte, kündigte ich bei der Isolierglas-Firma und half ihr.

Ich würde gerne sagen, dass Gott mich heilte, aber mit meinem Rücken wurde es erst besser, als ich anfing, in ein Fitnessstudio zu gehen und mich sportlich betätigte. In puncto körperliche Heilung lassen Menschen häufig außer Acht, wie wichtig es ist, die eigene Gesundheit zu erhalten. Ich gehe regelmäßig ins Fitnessstudio und versuche, auf meine Ernährung zu achten, weil ich lange im Dienst bleiben möchte. Ich bin vielen Menschen begegnet, deren Geist willig, aber deren Körper ausgebrannt war. Deshalb versuche ich, das Geheimnis des Gleichgewichts zwischen ausreichend Ruhe, körperlicher Ertüchtigung und ausgewogener Ernährung herauszufinden.

8

MIT VINEYARD AUF DER STRASSE

Nach ein paar Jahren der Gemeinschaft mit den Scotts sagte Gott zu mir: „Mach dich bereit." Das wurde durch ein prophetisches Wort bestätigt, in dem es um eine Genesis, eine Zeit der Neuanfänge ging. Diese Worte waren für mich sehr ermutigend, weil ich es kaum erwarten konnte, endlich rauszugehen und etwas zu tun.

Dann kam Alan zu mir und sagte:

„Mark, wir werden auf die Straße gehen und einige Dinge ausprobieren. Du musst nichts tun, aber wenn du das Gefühl hast, etwas tun zu wollen, würden wir uns freuen, wenn du mitkommst."

Wir stellten ein paar Stühle auf und forderten die Menschen auf, die Heilung brauchten, auf uns zuzukommen. Wir handelten nach dem Konzept von Heilung auf der Straße an sich. Ich hatte darüber zu diesem Zeitpunkt noch kein klares Konzept. Für mich ging es einzig und allein darum, wieder hinauszugehen!

Alan war ein wenig nervös, auf der Straße etwas zu tun, worin er noch keine Erfahrung hatte. Ich hatte ihm das Grundkonzept erklärt, wie ich es in der Vergangenheit gemacht hatte: Ins Stadtzentrum gehen und eine evangelistische Kurzpredigt halten; daraufhin versammeln sich Menschen und es geschehen Heilungen; dann geben Menschen Zeugnis, von dem, was sie erlebt haben. Ich ergriff die Initiative und als ich zu predigen begann, blieben einige Menschen stehen.

Eine Inderin, die an Arthritis litt, kam nach vorne und setzte sich auf einen der Stühle. Ein Bein war kürzer als das andere. Ich rief:

„Komm, wenn du ein Wunder sehen willst."

Ich glaube, in diesem Moment geriet Alan in Panik. Er kannte mich ja noch nicht so gut und hatte lediglich ein paar Geschichten gehört. Wahrscheinlich dachte er: „Nein, so etwas machen wir nicht. Hilfe! Ich habe gerade einen Verrückten auf die Straße losgelassen!"

Es bildete sich eine Menschenmenge. Ich betete für das Bein dieser Frau, dass es wachsen möge. Das Bein wuchs heraus und ihre Knie wurden von Arthritis geheilt. Nachdem sie ihre Heilung öffentlich bezeugt hatte, gingen sie und ihre Tochter glücklich davon. Als sie etwa fünfundvierzig Meter die Straße hinuntergegangen waren, rannte Alan ihnen hinterher. Er dachte sich, dass Menschen mit diesem kulturellen Hintergrund selbst dann sagten, sie seien geheilt, wenn sie nicht geheilt wurden, um den anderen nicht in Verlegenheit zu bringen. Er wollte sich einfach vergewissern. Als er sie eingeholt hatte, sagte er:

„Wenn Sie nicht wirklich geheilt worden sind, können Sie mir das sagen. Es ist in Ordnung, Sie können es mir sagen."

Die Tochter war wirklich ungehalten und antwortete:

„Entschuldigen Sie, aber meine Mutter ist vollständig geheilt!"

Alan war mehr überrascht, dass die Frau geheilt worden war, als sie selbst. Gleichwohl war er natürlich begeistert. Nun wurden noch weitere Menschen geheilt. Offensichtlich war insbesondere für Rückenprobleme, Knochenbrüche und Arthritis eine Heilungssalbung am Wirken.

Um das zu tun, was Alan und Kathryn an jenem Tag taten, bedarf es starker und mutiger Leiter. Sie gingen mit mir ein hohes Risiko ein. Alan und Kathryn sind erstaunliche Leiter. Sie sind bereit, für Gott und für das Wohl ihrer Stadt alles zu riskieren. Gott liebt diese Art von mutiger Leiterschaft und er reagiert darauf. Solche Leiter zeichnen sich durch genannte Eigenschaften aus und die Frucht ihrer Leiterschaft ist für jedermann offensichtlich. Ohne ihre Liebe, ihr Vertrauen und ihre Investition in mein Leben wäre ich nicht da, wo ich heute bin. Ich stehe in ihrer Schuld.

Alan erzählte seinem Freund Jamie Waters aus der Vineyard-Gemeinde in Glasgow von den Dingen, die wir erlebten. Jamie lud mich für ein Wochenende ein, an dem ich die Gemeinde unterweisen und auf die Straßen Glasgows führen sollte, um für Kranke zu beten.

Gott gab mir bereits Einsicht in einige Dinge, und in meinen Gedanken nahm das Konzept von Heilung auf der Straße langsam Gestalt an. Damals benutze ich ein an einen Verstärker angeschlossenes Mikrofon und fing an, von Heilungen zu berichten, die ich erlebt hatte. Anschließend fragte ich alle Kranken, die stehen geblieben waren, um zuzuhören, ob wir für sie beten könnten.

In Jamies Gemeinde war es sporadisch zu einigen Heilungen gekommen, aber die überwiegende Anzahl der Mitglieder hatte in dieser Hinsicht noch keinerlei Erfahrungen gemacht. Am Sonntagabend predigte ich in dieser Gemeinde, und als es an der Zeit war, Menschen im Gebet zu dienen, fragte ich, ob jemand ein zu kurzes Bein hatte.

Ich wusste nicht, dass unter den Gottesdienstbesuchern eine Geologiestudentin namens Caroline war. Sie war drauf und dran ihren geplanten Skiurlaub abzusagen, weil gerade eine Rückenoperation wegen zwei verwachsener Wirbel hinter sich hatte. Sie hatte so starke Schmerzen, dass sie sich kaum bücken konnte. Vor ihrer Operation hatte die Gemeinde mehrere Male für sie gebetet. Obwohl der Geist auf sie kam und die Schmerzen nachließen, waren diese nach ein paar Tagen wieder da.

Ihre Eltern hatten sich darum gekümmert, dass sie in eine Privatklinik kam, wo sie wegen des Bandscheibenproblems operiert wurde. Während ihres Klinikaufenthalts wurde festgestellt, dass bei ihr ein Bein etwa zweieinhalb Zentimeter kürzer war als das andere. In der Woche, in der sie aus der Klinik entlassen werden sollte, empfahlen die Podologin und die Krankengymnastin die Verwendung von speziellen Einlagen für ihre Schuhe. Erst zwei Tage vor erwähntem Heilungsgottesdienst hatte man deswegen bei ihr Maß genommen. Die Einlagen waren bereits in Auftrag gegeben worden.

Als ich nun einen Heilungsaufruf an jene richtete, die ein zu kurzes Bein hatten, reagierte Caroline darauf. Da ich den Glauben der Gemeinde aufbauen wollte, kündigte ich an:

„Wenn ihr noch nie ein Wunder gesehen habt, dann kommt bitte nach vorne und stellt euch rings um Caroline auf und seht, was Gott mit ihren Beinen tun wird."

Der arme Pastor dachte: „Das wird hoffentlich funktionieren, denn sonst werde ich einiges erklären müssen."

Alle Versammelten kamen nach vorne, darunter auch eine der lautesten und glühendsten Atheistinnen des Universitätscampus, die nur gekommen war, um die christlichen Studenten in der Gemeinde zu verhöhnen, die an einen Gott glaubten, der auch heute noch heilt. Sie stand nur wenige Zentimeter von Caroline entfernt und starrte gespannt auf deren Beine.

Ich ließ Caroline auf einem Stuhl Platz nehmen, maß ihre Beine, indem ich sie nebeneinander hielt, und sprach dann ein vollmächtiges Gebet. Das kürzere Bein schoss sofort hervor und wuchs, bis es die gleiche Länge hatte wie das andere. Caroline sagte, dass sie spüren konnte, wie sich das Bein streckte und als sie aufstand, befanden sich ihre

Knie auf exakt der gleichen Höhe. Sämtliche Schmerzen aufgrund der Operation waren verschwunden.

Jamie ging jetzt zu der vollkommen verblüfften, sogenannten Atheistin und fragte sie, was sie erlebt hatte. Alles, was sie in einer Art Schockzustand sagen konnte, war:

„Ich habe gesehen ... jetzt glaube ich."

Der Geist Gottes kam auf sie, und einige von den anderen Studenten in dieser Gemeinde führten sie an jenem Abend zum Herrn. Sie schloss ich der Gemeinde an. An diesem Wochenende geschahen in dieser Gemeinde über fünfzig Heilungen, und insbesondere Carolines Heilung löste in der gesamten Region etwas aus.

Da ich ein wenig über den Dienst von John Wimber wusste, dachte ich, in sämtlichen Vineyard-Gemeinden würden Zeichen und Wunder geschehen. Aber Jamie versicherte mir, dass dies nicht der Fall war. Er sagte, dass es sehr hilfreich wäre, wenn ich das, was ich tat, zu einem Trainingskonzept entwickeln könnte, das sowohl Theorie als auch Praxis enthielt. Er erkannte, dass das bereits vorhandene Konzept ein geeignetes Mittel sein könnte, um Menschen für den Heilungsdienst zuzurüsten, wenn man es noch ein wenig weiter entwickelte und theologisch fundierte.

Die Zurüstung der Heiligen zählt zu den höchsten Werten der Vineyard-Bewegung. Wie John Wimber sagen würde: „Jeder darf mitspielen", was bedeutet, dass der Dienst des Heiligen Geistes nicht nur Pastoren und Leitern, sondern auch Laien zur Verfügung steht.

So gab Jamie erstmals den entscheidenden Impuls für ein Schulungs-Handbuch, das sowohl informations- als auch praxisorientiert sein sollte. Dieser Gedanke entfachte etwas in mir, denn ich fühlte mich berufen, all das zu unterstützen, was mit der Zurüstung der Gemeinde zu tun hat. Es lag mir am Herzen, andere zu ermutigen, die Dinge zu tun, die ich tat. Ich wollte dazu beitragen, dass der Glaube anderer wächst. Ja, ich wollte sie an die Hand nehmen, mit ihnen hinausgehen und ihnen zeigen, wie es geht. Ich wusste, dass ich eine Heilungssalbung hatte, aber ich hatte auch das Herz und die Salbung dafür, andere zu ermutigen, es mir gleichzutun.

Dieser Gedanke ließ mich wochenlang nicht mehr los. Als ich schließlich an meinem Computer saß und an den Grundlagen für Heilung auf der Straße arbeitete, empfing ich plötzlich diesen gottgegebenen Download. Das ging drei Tage lang so. Ich konnte alles ganz deutlich sehen und fing an, das Konzept detaillierter auszuarbeiten. Vieles waren Erkenntnisse aus meinen bisherigen Erfahrungen mit Straßenevangelisation, aber kombiniert mit neuen Einblicken und aus einer vollkommen anderen Perspektive.

Einer der großen Erfolge von Heilung auf der Straße bestand darin, dass Gemeinden unterschiedlicher Ausrichtungen zusammenfanden, aber das hatte ich damals gar nicht im Sinn. Gott zeigte mir erst viel später die Gründe dafür, weshalb Gemeinden unterschiedlichster Prägung durch dieses Konzept in die Lage versetzt wurden, zusammenzuarbeiten. Es war so, als ob man das Pendel auf die Mitte ausrichtete, sodass alle Gemeinden sich darauf einigen konnten, dieses Konzept umzusetzen.

Der Herr hatte mir gesagt, dass ich mich bereit machen sollte, und jetzt hatte ich ein paar Dutzend Seiten der Grundfassung des Handbuchs fertiggestellt. Da ich ein Evangelist bin, dachte ich, auch etwas darüber schreiben zu müssen, wie man Menschen zu Jesus führt. Aber ich hatte den Eindruck, dass ein Schwerpunkt dieses Dienstes darauf lag, die Gemeinde zu lehren, wie man Träger der Gegenwart Gottes wird und das Reich Gottes auf der Straße vollmächtig freisetzen kann. Also ging ich auf dieses Thema nicht näher ein, und dachte mir, dass jede Gemeinde ihre Mitglieder sowieso darin unterweisen sollte, wie man Menschen zu Jesus führt.

Nachdem ich die Vineyard-Gemeinde in Glasgow besucht hatte, fing die Gemeinde an, auf die Straße zu gehen, und die Neuigkeiten über die Heilungen, die jetzt geschahen, sprachen sich herum. Infolgedessen wurde Jamie 2005 eingeladen, während der nationalen Vineyard- Leiterschaftskonferenz in Bournemouth ein Heilungsseminar durchzuführen. Da in der Vineyard-Gemeinde in Glasgow durch meinen Besuch so viel ins Rollen gekommen war, lud Jamie mich ein, gemeinsam mit ihm auf der Konferenz zu lehren und mit einigen Teams auf die Straße zu gehen.

Ich hatte bereits zuvor den Eindruck gehabt, dass Gott mir sagte, er würde Türen für mich öffnen und so nahm ich diese Einladung freudig an. Am Abend vor dem letzten Konferenztag war ich in meinem Hotelzimmer. Mitten in der Nacht wurde ich wach und erlebte die unglaublichste Gottesbegegnung, die ich je hatte. Der ganze Raum war von Gottes machtvoller Gegenwart erfüllt und ich war von seiner väterlichen Liebe für mich überwältigt. Ich war sein Kind und er war mein Papa. Ich fühlte mich sicher und vollkommen angenommen.

Ich weiß nicht genau, wie lange das andauerte, aber ich schätze, dass ich nach etwa einer halben Stunde wieder einschlief. Dann wurde ich ein zweites Mal aufgrund der spürbaren, gewaltigen Gegenwart Gottes wach, die den ganzen Raum erfüllte. Seine Nähe war so real, dass ich nicht wagte, die Augen zu öffnen, da ich ihn womöglich noch sehen würde. Ich erlebte einen Gott von immenser Kraft, Autorität, Heiligkeit und Reinheit, aber auch den König der Könige und Herr der Herren. Ich war von solcher Ehrfurcht ergriffen, dass ich in Gottes Gegenwart erzitterte.

Dann schlief ich wieder ein, aber der Herr weckte mich ein drittes Mal. Dieses Mal zeigte er mir den Plan des Feindes für mein Leben, der mich wirklich schockierte. Wieder schlief ich ein, und dann weckte Gott mich ein viertes Mal und zeigte mir seinen Plan für mein Leben, der mich erneut aufwühlte!

Diese tiefgreifende Begegnung mit Jesus prägte mein Verständnis hinsichtlich dessen, was Heilung auf der Straße bewirken würde, radikal. Ich realisierte die Bedeutsamkeit der von Gott empfangenen Salbung und erkannte, was ich mit meinem Leben tun sollte. Ich hatte jetzt das Gefühl, auf alles vorbereitet zu sein, was kommen würde.

Am letzten Konferenztag gingen wir in Bournemouth auf die Straße. Wir hatten ein kleines Banner mit der Aufschrift Heilung und stellten ein paar Stühle in einer Reihe auf. Als eine Jugendbande anfing, durch Zwischenrufe zu stören, schickten wir einige von unseren Leuten zu ihnen, um für Ruhe zu sorgen. Währenddessen beteten wir für Menschen, die dann geheilt wurden. Und wir führten auch Menschen zu Jesus. Es war eine wunderbare Zeit. Viele Menschen wurden von Rückenschmerzen befreit und eine Frau mit einem Hautausschlag am ganzen Körper wurde augenblicklich vollständig geheilt.

Ein Resultat dieser Konferenz bestand darin, dass viele Vineyard-Gemeinden sich jetzt verstärkt darauf konzentrierten, Menschen außerhalb der Gemeinde zu erreichen. Ich erhielt nun auch Einladungen von anderen Gemeindeleitern, die mich baten, in ihre Gemeinde zu kommen, um darüber zu lehren, wie man auf der Straße für Heilung betet.

Nach der Konferenz kam Alan Scott zu mir und sagte:

„Mark, bis jetzt dienten wir hauptsächlich Christen, die mit ihren Verletzungen und Problemen zu uns kamen. Aber Gott hat uns gesagt, dass er sich um die Gemeinde kümmern wird, wenn wir uns um die Verlorenen kümmern. Also werden wir das tun."

Die Gemeindeleiter hatten den Eindruck, dass Gott uns aufforderte, ein Bündnis mit ihm einzugehen. Das nahmen wir ernst. Alan führte die Gemeinde geschickt Schritt für Schritt, indem er ihr verdeutlichte, dass wir uns von Gott geführt sahen, diesen Weg einzuschlagen. Diejenigen, die sich mit der neuen Ausrichtung nicht wohlfühlten, waren frei zu gehen. Aber es war jedem klar, dass alles, was wir von jetzt an täten, darauf ausgerichtet sein würde, die Menschen außerhalb der Gemeinde zu erreichen.

Das war Musik in meinen Ohren. Es erfreute mein Herz, denn für all das, was Alan sagte, hatte ich zu Gott geschrien. Plötzlich wurde mir klar, dass ich einen Ort gefunden hatte, wo man ganz und gar darauf ausgerichtet war, die Menschen außerhalb der Gemeinde zu erreichen. Ich fühlte mich wie im Himmel.

Jetzt war ich wirklich bereit, aktiv zu werden. Ich traf mich mit Alan, um mit ihm über regelmäßige Straßeneinsätze - nach dem Konzept von Heilung auf der Straße - in Coleraine zu sprechen. Ich fragte mich, wie weit ich gehen könnte.

„Wie wäre es, mit einem Einsatz, sagen wir alle vierzehn Tage?", schlug ich zögernd vor. Da er nicht gleich antwortete, fragte ich: „Vielleicht einmal im Monat?"

Er schaute mich entschlossen an und sagte: „Wie wäre es mit einmal pro Woche?" Ich hatte es nicht gewagt, das zu fragen, aber das war genau das, was ich wollte.

„Das wäre großartig!"

„Okay. Wenn du von Gott eine genaue Vorstellung darüber empfangen hast, wie wir diese Einsätze gestalten sollen, lass mich wissen, was du brauchst. Was auch immer du benötigst, werden wir zur Verfügung stellen."

So kam es, dass die Gemeinde in eine Basisausrüstung investierte: sechs stabile Holzstühle, ein Banner und eine tragbare Lautsprecheranlage. An einem Ostersonntag begannen wir in Coleraine mit Heilung-auf-der-Straße-Einsätzen, um Menschen jeden Alters und unterschiedlicher Hintergründe zu erreichen und somit ihr Leben von Grund auf zu verändern.

9

VOR JESUS DIE
KNIE BEUGEN

Bevor wir mit den Heilung-auf-der-Straße-Einsätzen begannen, gaben wir den interessierten Gemeindemitgliedern die Möglichkeit, sich für eine Grundausbildung anzumelden, die an zwei Sonntagabenden stattfand. Viele von denen, die daran teilnahmen, hatten noch niemals zuvor eine Heilung gesehen. Ein Ehepaar, Philip und Maxine McCluskey, kam nur deshalb, weil es für ihre Tochter, die sich angemeldet hatte, als „Taxidienst" agierte. Sie beschlossen zu bleiben, weil sie das Gefühl hatten, einige Dinge lernen zu können, die ihnen helfen würden, ihre kleine Gruppe zu leiten.

Da ich verdeutlichen wollte, dass alle Gaben des Geistes und nicht nur die Gabe der Heilung durch den Heilungsdienst wirksam werden können, beschloss ich, die Gruppe über das Wort der Erkenntnis zu lehren. Als ich den Herrn bat, mir ein paar Dinge über die Teilnehmer zu zeigen, hatte ich den Eindruck, dass zwei Frauen von Kindheit an Angst vor der Dunkelheit hatten. Ich forderte sie auf, nach vorne zu kommen, wenn sie wollten, dass Gott sie davon befreite.

Maxine und eine weitere Frau standen auf und kamen nach vorne, wo ich sie im Gebet leitete. Beide fielen unter der Kraft Gottes zu Boden und waren tief berührt. Da Philip ursprünglich aus einer traditionellen Gemeinde kam, war er überrascht, Gott auf eine Weise handeln zu sehen, die er bisher so nicht kannte. Noch mehr überrascht war er, als seine Frau geheilt wurde. Als ich ankündigte, dass wir am darauffolgenden Sonntag in Coleraine auf die Straße gehen würden, waren Philip und Maxine entsetzt. Natürlich wussten sie, dass die Schulung unter dem Thema Heilung auf der Straße stand, aber sie hatten nie daran gedacht, dass wir tatsächlich auf die Straße gehen würden!

Nichtsdestotrotz gingen sie an jenem ersten Sonntagvormittag mit hinaus, denn sie waren Teil des Teams. Obwohl sie ziemlich ängstlich waren, erstaunte es sie, dass Menschen nach vorne kamen, sich auf unsere Stühle setzten und um Gebet baten – und das mitten in Coleraine. Philip hatte noch nie zuvor für Menschen um Heilung gebetet. Sein Gefühlszustand war eine Mischung aus Angst und Begeisterung, aber schließlich musste er feststellen, dass er Gefallen daran fand, für Menschen zu beten.

Bereits nach der ersten Woche war Philip Feuer und Flamme. Er erkannte, dass Gott jedes Mal etwas Neues tat, wenn er auf die Straße ging. Mehr und mehr Menschen ließen für sich beten und immer mehr wurden geheilt. Er war schließlich so voller Zuversicht, dass er wusste, wenn er zur Stelle war, würde auch Gott zur Stelle sein. Weil er erlebte, dass Gott durch ihn wirkte und weil er sah, dass Menschen von den unterschiedlichsten Krankheiten geheilt wurden, geriet er so in Begeisterung, dass er mit diesem Dienst nicht mehr aufhören konnte. Heute leiten Philip und Maxine in Coleraine das Team von Heilung auf der Straße.

Tatsächlich hatten viele Teammitglieder noch nie zuvor erlebt, dass Kranke geheilt wurden oder dass Gott sie auf diese Weise gebrauchte.

Wenn sie dann mit auf die Straße kamen und die Erfahrung machten, dass Gott sie gebrauchen konnte, waren sie erstaunt. Sie erlebten regelmäßig, dass Kranke geheilt und Leben verändert wurden, dass Menschen zum Glauben an Jesus Christus fanden und dass die Kraft Gottes im Leben von zerbrochenen und verletzten Menschen wirksam wurde.

Mittlerweile zählen zu den Teammitgliedern Menschen, die wir auf der Straße getroffen haben – Menschen, die Jesus nicht kannten, aber Heilung brauchten. Sie reagierten auf den Heilungsaufruf, setzten sich auf einen unserer Stühle, um für sich beten zu lassen und wurden geheilt. Anschließend besuchten sie die Gemeinde. Während dieser Zeit nahmen sie Jesus an und begannen, eine der Kleingruppen zu besuchen. Wenn dann wieder eine Schulung für Heilung auf der Straße durchgeführt wurde, nahmen sie daran teil. Heute gehen sie mit uns auf die Straße, beten für die Kranken und führen Menschen zu Jesus.

An dem Tag, als wir mit den Heilung-auf-der-Straße-Einsätzen begannen, bildete das Team einen Kreis, um gemeinsam zu beten. Die vorübergehenden Passanten schauten uns fragend an. Wir hatten die Stühle aufgestellt, das Heilungsbanner gehisst und im Hintergrund lief leise Musik. Alles war vorbereitet. Aber was wir jetzt brauchten, war die Gegenwart Gottes und ich werde nie vergessen, was ein Teammitglied an jenem Tag betete:

„Herr, mögen die Bürger Coleraines und die Besucher unserer Stadt ihre Knie vor dir beugen."

Augenblicklich spürte ich in meinem Herzen, wie der Heilige Geist mich herausforderte: „Was ist mit dir, Mark, bist du bereit niederzuknien?" Das war nicht nur eine Aufforderung, vor ihm niederzuknien, sondern sich Jesus, dem dienenden König, anzuschließen. Wir knieten auf den Pflastersteinen vor dem Rathaus von Coleraine nieder.

Was dann geschah, war erstaunlich.

Wir wissen, dass Gott auf den Straßen dieser Welt am Wirken ist, aber er hat lange darauf gewartet, dass sein Volk sich in dieser Hinsicht mit ihm zusammentut. Natürlich war Gott an jenem Tag auf den Straßen Coleraines bereits gegenwärtig, aber als wir uns niederknieten, war es, als ob eine riesige Welle seiner spürbaren Gegenwart auf dem Rathausplatz freigesetzt wurde und den gesamten Bereich erfüllte. Man konnte die Woge des Geistes Gottes spüren und hören, wie die Stadt bei der Ankunft des Reiches Gottes verstummte.

Viele Teams, die sich für das HADS-Konzept interessierten, waren nach Coleraine gereist. Sie fragten, ob sie sich am Gebet beteiligen und dann den Dienst beobachten könnten. Aber viele von ihnen realisierten nicht, dass wir uns auf die Pflastersteine knieten, um zu beten. Während wir im Kreis standen, begrüßte ich unsere Gäste, stellte sie unserem Team vor und sagte dann: „Okay, lasst uns beten!" Als wir auf die Knie fielen, beobachtete ich bei einigen unserer Freunde das, was ich den Jo-Jo-Effekt nenne. Es ist interessant, zu welchen inneren Kämpfen es kommen kann, selbst wenn es um eine so einfache Handlung wie das öffentliche Niederknien vor Gott geht. Aber Menschen, die uns besuchen und in der Öffentlichkeit niederknien, erleben immer, wie etwas in ihnen aufbricht – wie beim Zerreißen eines Vorhangs – und die Gegenwart Gottes freigesetzt wird. Für einige ist das eine derart überwältigende Erfahrung, dass sie sich nicht mehr vom Boden erheben wollen! Es ist ähnlich wie bei Petrus, Jakobus und Johannes, die auf dem Berg der Verklärung Hütten bauen wollten.

Überall, wo wir Heilung auf der Straße eingeführt haben, machten viele derer, die zum ersten Mal mit auf die Straße hinausgingen, die gleiche Erfahrung. Wir beginnen immer so, dass wir uns gemeinsam vor den Stühlen und dem Banner niederknien und uns nach Gott ausstrecken. Wir beten leise zusammen und bitten um eine Intensivierung der Gegenwart Gottes an diesem Ort. Wir beten, dass das Reich Gottes in Kraft kommt.

Indem wir niederknien, drücken wir nicht nur aus, dass wir uns Jesus, unserem Herrn, unterordnen, sondern wir zeigen dadurch hinsichtlich allem, was geschieht, auch unsere Demut und Abhängigkeit von ihm. Wir bleiben entweder solange auf unseren Knien, bis seine Gegenwart kommt, oder wir gehen heim, denn ohne sie macht es keinen Sinn, irgendetwas zu tun. Ohne seine Gegenwart wird nichts geschehen! Aber die gute Nachricht ist die, dass wir nicht lange warten müssen. Sobald unsere Knie den Boden berühren, ergießt sich Gottes Gegenwart. Wenn seine Gegenwart kommt, geht damit auch immer eine gewisse Dringlichkeit einher, fast so, als würde Gott sagen: „Okay, ihr könnt jetzt aufstehen. Ich habe hier schon wesentlich länger gewartet als ihr. Lasst uns anfangen!"

Wir müssen als kleine Gruppe, in der sich alle niederbeugen wohl ein etwas merkwürdiges Bild abgegeben haben. Oftmals konnte man vorbeigehende Passanten sagen hören:

„Was machen die da?"

Einmal hörte ich, dass jemand sagte: „Ich glaube, einer von ihnen hat seine Kontaktlinsen verloren!"

Es dauerte eine Weile, um richtig Fahrt aufzunehmen, aber jede Woche nahmen Menschen auf den Stühlen Platz und wurden geheilt. Nach etwa vier Wochen schafften wir es sogar auf die Titelseite der örtlichen Zeitung, *The Chronicle*, wo unter der Schlagzeile „Wunder auf unseren Straßen" ein Foto zu sehen war, auf dem ich einen Krückstock hochhielt.

Der Krückstock war mir von einem 78-jährigen ehemaligen Marinesoldaten namens Daniel übergeben worden, der auf einem Stuhl Platz genommen hatte, um für sich beten zu lassen. Daniel hatte mehrere gesundheitliche Probleme, aber was ihm am meisten zu schaffen machte, war, dass er wegen der Schmerzen im Bein und in der Hüfte nicht mehr marschieren konnte.

Als er sich auf den Stuhl setzte und wir zu beten anfingen, ruhte der Geist Gottes auf ihm. Tränen erfüllten seine Augen und er konnte spüren, wie Gott sein Bein und seine Hüfte anrührte. Als er sich von dem Stuhl erhob und realisierte, dass Gott ihn geheilt hatte, war er überwältigt. Er stand auf und testete sein brandneues Bein. Sämtliche Schmerzen waren verschwunden. Er blieb für etwa eine halbe Stunde stehen und sagte jedem in Hörweite, dass Gott ihn geheilt hatte und dass er zum Gehen keinen Krückstock mehr brauchte.

In der Anfangszeit unserer Heilung-auf-der-Straße-Einsätze in Coleraine tauchte bei unseren samstäglichen Einsätzen immer ein Mann namens John auf. Er hielt sich in unserer Nähe auf und beobachtete uns, aber er folgte nie der Einladung, für sich beten zu lassen.

John war bei den Motorradfahrern der Region bestens bekannt und im Verlauf eines Jahres lernten auch wir ihn recht gut kennen. Es war offensichtlich, dass er sich sehr gerne an unserem Einsatzort aufhielt und ich glaube, dass ihm dort durch die Gegenwart Gottes gedient wurde.

John hatte eine Vorliebe für guten Kaffee. Wenn wir also um die Mittagszeit Tee und Kaffee für das Team zubereiteten, achteten wir darauf, dass wir ihm eine gute Tasse Kaffee anbieten konnten. Wir fanden heraus, dass ihm auch die Kekse mit Schokoladensplittern von *Marks and Spen-*

cer schmeckten. Da meine Lieblingskekse deren Pistazien-Cookies waren, hatte ich jetzt, wenn ich wöchentlich die Schokoladenkekse für John kaufte, die Ausrede, die ich brauchte, um mir jede Woche Pistazien-Cookies zu gönnen!

In dieser Anfangszeit, als ich noch nicht soviel reiste, war ich immer mit dem Team vor dem Rathaus von Coleraine im Einsatz. Meine Aufgabe bestand darin, alles im Auto zu verstauen, was wir für unsere Einsätze benötigten. An regnerischen Tagen, die es in Nordirland häufig gab, wurden zusätzlich zu den Stühlen, dem Banner und der Beschallungsanlage auch Regenschirme, Papierhandtücher sowie ein Plastikmüllsack benötigt, den wir verwendeten, um die Lautsprecheranlage vor Regen zu schützen. Üblicherweise riss ich einen Müllsack von einer Rolle ab, die ich Zuhause hatte.

An einem Samstag riss ich aus irgendeinem Grund drei Säcke von der Rolle ab. Da ich in Eile war, bedeckte ich die Lautsprecheranlage mit einem Sack – die anderen beiden Säcke stopfte ich einfach in meine Jackentasche.

Vor dem Rathaus beobachtete ich das Team zu meiner Linken, das gerade kniete und für einen Marihuanaabhängigen betete, der unter paranoider Schizophrenie litt. Zur gleichen Zeit betete das Team zu meiner Rechten für einen jungen Mann mit Tourette-Syndrom. Die Teams dienten diesen beiden Männern sehr einfühlsam und voll Mitgefühl. Als ich so dastand und mir trotz des Dauerregens sagte, dass es eigentlich kaum besser laufen könnte, kam ein Mann auf mich zu. Er war Ende vierzig und in einem furchtbaren Zustand – er war von Kopf bis Fuß mit festgetrocknetem Erbrochenem übersät. Er setzte sich auf den Stuhl neben mir und sagte:

„Ich habe niemanden zum Reden, aber ich weiß, dass ich mit dir reden kann."

Als ich mich neben ihn kniete, erzählte er mir, dass er alles verloren hatte – seine Frau, seine Kinder, sein Geschäft und sein Zuhause – nur sein Leben war ihm noch geblieben. Aus der Innentasche seiner Jacke holte er eine Flasche Poitin (illegaler irischer Alkohol, der aus fermentierten Kartoffelschalen hergestellt wird) hervor. Von diesem Zeugs wird man buchstäblich erblinden. Was auch immer sich in dieser Flasche befand, es sah ekelhaft aus. Ich empfand tiefes Mitgefühl für diesen Mann – wahrscheinlich, weil mein Vater Alkoholiker war.

Als ich vor ihm kniete und ihm von Gottes Liebe erzählte, fing er plötzlich an zu würgen. Sein Erbrochenes ergoss sich über mich. Der Gestank war fürchterlich und mir drehte sich der Magen um. Der Mann bat vielmals um Entschuldigung. Er war zutiefst beschämt, weil er vergeblich versucht hatte, mich zu warnen – seine Warnung kam zu spät.

„Mach dir keine Gedanken", sagte ich. „Es hat sich nichts geändert. Gott liebt dich von ganzem Herzen. Bleib einfach sitzen. Mach dir keine Sorgen. Wir haben Papiertücher dabei, um das zu säubern."

Jetzt wurde mir klar, weshalb ich die beiden zusätzlichen Beutel in meiner Tasche hatte. Da er sich immer noch übergeben musste, gab ich ihm die beiden Beutel, die dann auch beide gebraucht wurden. Es war wirklich ekelerregend! Als ich Hilfe suchend zum Rest des Teams hinüberblickte, musste ich feststellen, dass sich die Teammitglieder in alle Winde verstreut hatten. Aber nur gut einen halben Meter entfernt von mir stand John. Er achtete auf jedes Wort, das ich zu jenem Mann sagte und beobachtete genau, was ich tat.

Es gelang mir, das Erbrochene von mir und vom Asphalt zu entfernen und die Beutel zu entsorgen. Anschließend kehrte ich zu diesem Mann zurück, kniete mich neben ihn und versicherte ihm abermals, dass Gott ihn liebte. Unglücklicherweise hatte ich nicht bemerkt, dass etwas von dem Erbrochenen in seinen Hemdsärmel gelaufen war. Als er jetzt seinen Arm um mich legte, um mich zu umarmen, konnte ich das kalte Erbrochene an meinem Hals spüren. Als er mich umarmte, fing ich an, so ich konnte, für ihn zu beten. Nach diesem Gebet setzte Regen ein, der alle Spuren des Erbrochenen wegspülte.

Ich bemerkte nicht, dass ich immer noch ziemlich übel roch und als ich nach Hause kam, sagte Linda:

„Was in aller Welt ist das für ein Gestank?"

Anschließend sprach Gott zu mir. Er gab mir eine weitere Offenbarung hinsichtlich seiner unermesslichen Liebe für mich und für die Menschen generell. Ich wusste, dass Gott Sünde hasst, aber ich hatte nie verstanden, inwiefern sich Sünde auf Gott buchstäblich auswirkt. Er versuchte, mir auf einer menschlichen Ebene zu erklären, dass es so ist, wie mit dem schlimmsten Gestank, den du je gerochen hast. Sünde ist ein Gestank für seine Nase. Die Art von Gestank, der in dir einen Brechreiz auslöst. Ein so ekelhafter Gestank, dass du keinen weiteren Atemzug machen möchtest. Und dennoch, als ich von diesem Gestank durchtränkt war, schritt Jesus ein, um mich zu retten – und dann sprach Gott zu mir. Er sagte:

„Mark, genau das wird nötig sein, um die Menschen dort draußen zu erreichen. Du musst in der Lage sein, die zu lieben, die nicht liebenswert sind – Menschen, wegen denen du lieber die Straßenseite wechselst, um ihnen aus dem Weg zu gehen – ja, sie bedingungslos zu lieben. Du wirst jene umarmen müssen, deren beschämender Zustand offensichtlich ist und wirst ihre Schmach mit der Liebe des Vaters bedecken müssen. Und du musst bereit sein, dir die Hände schmutzig zu machen, um anderen zu helfen, ihr Chaos aufzuräumen. Bist du dazu bereit?"

„Ja, Herr, ich bin bereit", flüsterte ich.

Am nächsten Tag kam John zum ersten Mal in die Gemeinde. Und als wir am darauffolgenden Samstag auf dem Asphalt niederknieten, um zu beten, spürte ich, dass sich jemand leise neben mich kniete. Als ich meine Augen öffnete, sah ich, dass es John war. Er gab ein eindeutiges Statement ab und das war gewaltig. Es war einfach wunderbar. Inzwischen ist John beim Herrn, aber es war so überaus lohnenswert, bei Kälte und Regen ein Jahr lang Woche für Woche niederzuknien – nur für ihn.

Es ist eine großartige Erfahrung und ein Privileg, mit Jesus auf der Straße niederzuknien und erst recht, wenn dann noch übernatürliche Zeichen und Interventionen geschehen. Einmal, als wir uns an einem frostigen Samstagvormittag hinknieten, um zu beten, wurde die Stille schon nach kurzer Zeit von heftigem Lärm unterbrochen. Als ich aufblickte, sah ich eine Gruppe von Teenagern in Fußballmontur. Diese Jungs bildeten eine Fußballmannschaft. Sie trafen sich jeden Samstag zum Fußballspielen, aber als sie sich an jenem Morgen trafen, hatten sie enttäuscht festgestellt, dass viele von ihnen verletzt waren, sodass sie nicht spielen konnten.

Einer der Jungs hatte zum Rest der Mannschaft gesagt: „Zieht eure Fußballklamotten an und kommt mit mir, wir spielen Fußball!" Dieser Junge hatte zuvor erlebt, dass zwei seiner Freunde bei einem HADS-Einsatz geheilt wurden. Einer dieser Freunde hatte unterhalb des Knies einen abnormen Knochenwuchs, der ähnlich wie ein Kamelhöcker aussah. Er war total verblüfft, als er sah, wie der „Höcker" vom Bein seines Freundes verschwand. Schließlich kam er ebenfalls, um für sich beten zu lassen und wurde geheilt. Er wusste also ganz genau, wohin er seine verletzten Kumpel bringen musste. Als wir uns aus unserer knienden Haltung erhoben, dauerte es nicht lange, bis diese verletzten Fußballer auf den Stühlen Platz genommen hatten. Wir zögerten nicht, für sie zu beten, und jeder Einzelne von ihnen wurde auf der Stelle geheilt. Ich finde es einfach großartig, auf welche Weise Gott diese Jungen heilte, damit sie beim Fußballspielen Spaß haben konnten.

Der Schreiber des Hebräerbriefs sagt: „… *indem wir hinschauen auf Jesus, den Anfänger und Vollender des Glaubens, der um der vor ihm liegenden Freude willen, das Kreuz erduldete"* (Hebr. 12, 2; Schlachter).

Indem wir knien, begeben wir uns erneut unter das Kreuz und richten unseren Blick auf Jesus. Aus der Perspektive des Kreuzes sieht alles anders aus. Es veranlasst uns, jenseits der vier Wände unserer Gemeinde zu blicken. Es zeigt uns eine sterbende, leidende Welt, die einen Retter braucht und erinnert uns daran, weshalb Jesus kam.

Jesu Mission hier auf Erden war *„zu suchen und zu retten, was verloren ist"* (Lk. 19, 10) und der Missionsbefehl für die Gemeinde besteht darin, diese Mission fortzuführen. Jesu Blick ist immer nach außen gerichtet, und wenn wir ihm folgen, führt er uns hinaus – so wie er einst zu seinen ersten Jüngern sagte: *„Folgt mir nach, und ich will euch zu Menschenfischern machen!"* (Mt. 4, 19; Schlachter).

Wenn wir auf der Straße erneut am Fuß des Kreuzes niederknien, bekommen wir die richtige Sichtweise, und wenn wir uns wieder erheben, sind wir gestärkt.

10

DAS KONZEPT VON HEILUNG AUF DER STRASSE

Während ich diese Zeilen schreibe, ist die Gemeinde von dem Wunsch ergriffen, zu ihrer ursprünglichen Bestimmung in dieser Welt zurückzukehren. Gottes strategischer Plan besteht darin, seine Gemeinde in ihre ursprüngliche Bestimmung, den Missionsbefehl zu erfüllen, zurückzubringen – aber kombiniert mit der Erkenntnis, dass wir ein königliches Priestertum sind. Wir sind Gottes Kinder; Bürger des Reiches Gottes mit delegierter Autorität, die daher rührt, dass wir Botschafter des Königs sind. Wir sind vertrauenswürdige Regenten.

Gott will nicht, dass wir uns nur in unseren Gemeindegebäuden aufhalten. Er möchte uns wieder auf den Straßen haben. Er führt uns heraus aus der Furcht und hin zum Glauben. Er will, dass wir einen unerschütterlichen, auf Wahrheit gegründeten Glauben haben, der vor dem Unmöglichen nicht zurückschreckt.

Um uns an diesen Punkt zu bringen, setzt Gott kreative Konzepte frei, um uns so lange aus Festgefahrenheit loszueisen, bis die Gemeinde sich in Bewegung setzt und wir anfangen, das zu tun, was jeder Gläubige natürlicherweise tun möchte. Die Gemeinde sucht nach Handlungshilfen – nach einem einfachen, effektiven und praktikablen Konzept. HADS ist ein hilfreiches Konzept für die Gemeinde, um hinauszugehen und die zu erreichen, die ansonsten niemals in die Gemeinde kommen würden. Es ist ein spezifisches Konzept, um die Gemeinde mit den Menschen der jeweiligen Region in Verbindung zu bringen. Es bringt Gemeinden zusammen und veranlasst diese aufgrund der allgemein anerkannten Gebetsform und Herangehensweise zur Zusammenarbeit.

Wir benutzen Banner, Stühle, Musik und Handzettel. Das sind lediglich die „Requisiten", die hilfreich sind, den Dienst der Heilung regelmäßig auf den Straßen auszuüben und mit den Menschen der Region in Kontakt zu kommen. Langfristig können so auch Beziehungen aufgebaut werden. Natürlich kann Gott das alles auch ohne Zuhilfenahme von Requisiten bewirken, aber diese einfachen Mittel helfen der Gemeinde bei ihren Straßeneinsätzen.

Das HADS-Konzept ist einfach, aber dennoch umfassend; einfühlsam aber dennoch kraftgeladen; voll von der Gegenwart Gottes und überfließender Liebe. Ein Mittel, das jedem Gläubigen ermöglicht, mit den Menschen in ihrer Region in Kontakt zu treten. Es bringt die Atmosphäre des Himmels an den Ort des Geschehens und schafft einen Ort der Heilung, an dem einfache Leute die

Gelegenheit haben, das Reich Gottes zu erfahren und dem König zu begegnen.

HADS unterscheidet sich in bestimmten Aspekten von anderen Konzepten, mit denen Menschen möglicherweise zuvor gearbeitet haben. Wir kreieren auf der Straße ein Umfeld, das den Wohlgeruch Christi vermittelt und die Vorbeigehenden mit der Ehrfurcht gebietenden Realität des Himmels in Berührung bringt, ganz unabhängig davon, ob sie auf den Stühlen Platz nehmen oder nicht! Die Atmosphäre ist friedvoll und frei von jeglichem Druck – eine Oase der Heilung, wo Menschen die Gelegenheit bekommen, von der Quelle des Lebens zu trinken.

Mit der Zeit bauen wir Beziehungen auf und machen es so den Menschen, die in Gottesferne gelebt haben, längerfristig leichter, zu Jesus zu finden und nebenbei geheilt zu werden. Unser behutsamer, nichtkonfrontativer Dienst kommt in einer liebevollen und mitfühlenden Atmosphäre zum Tragen, die von der Gegenwart und Kraft des Heiligen Geistes bestimmt ist. Diese Atmosphäre ist geprägt von wahrem Frieden. Mitten unter den stressgeplagten Käufern wandelt der Friedefürst. Das Reich Gottes kommt; Stille macht sich breit; eilige Passanten verlangsamen aufgrund des Wirkens der Gegenwart Gottes an ihrem Herzen ihren Schritt und bleiben schließlich stehen. Wenn Menschen auf den Stühlen Platz nehmen, versammeln sich zwei Personen aus unserem Team um jeden dieser Stühle. Dann knien wir nieder und beten unser bestes Gebet. Gott hat uns etwas Frisches, Einfaches gegeben, das für jeden Gläubigen umsetzbar ist. Niemand betet allein, denn es wird immer in Gruppen gebetet.

HADS ist weder irgendein weiteres Gemeindeprogramm noch die Erweiterung eines bereits bestehenden. Es ist eine verblüffend einfache Möglichkeit, um unerrettete und leidende Menschen auf unseren Straßen zu erreichen.

Ich habe die Erfahrung gemacht, dass das Konzept am besten an den Plätzen funktioniert, wo zu den Hauptgeschäftszeiten möglichst viele Menschen unterwegs sind. In Coleraine ist der ideale Spot direkt vor dem Rathaus, wo sich eine Fußgängerzone mit Geschäften auf beiden Seiten befindet. Viele Menschen kommen und gehen. Es ist ein großer, gut sichtbarer Platz.

Jeder Kunde kann unser großes Banner bereits aus der Ferne sehen, denn es ist gut fünf Meter hoch und einen Meter breit. Man kann es kaum übersehen. Von oben bis unten steht auf einem modern gestalteten blauen Hintergrund in weißen Großbuchstaben das Wort HEILUNG geschrieben. Unten auf dem Banner befindet sich ein kleines Logo der Gemeinde. Die Tage, an denen ich Heilung und Wunder mit meiner schlechten Handschrift auf den Flip-Chart-Papierblock geschrieben habe, sind vorbei!

Für den Aufbau des riesigen Banners benötigen wir etwa zehn Minuten. Das Fußteil fasst 70 Liter und wird haben es mit Kies gefüllt. Es ist wichtig, für Stabilität zu sorgen, denn in Coleraine peitscht der Wind häufig so stark, dass er jedes Schild umstoßen kann.

Wir stellen zu jeder Seite des Banners drei Stühle in einer Reihe auf. Zwischen den Stühlen lassen wir einen Abstand von 1, 50 Meter bis 1, 80 Meter, damit sich um jeden Stuhl ein Gebetsteam von zwei bis vier Personen versammeln kann, ohne das „Nachbarteam" zu stören. Selbst wenn uns nur ein kleines Team zur Verfügung steht, stelle ich alle sechs Stühle auf, um ein Glaubensstatement abzugeben. Die Stühle haben eine hohe, bequeme Rückenlehne, aber keine störenden Armlehnen und sind so stabil, dass sie auch das Gewicht von sehr schwergewichtigen Menschen tragen können.

In den ersten sechs Monaten unserer HADS-Einsätze verteilte unser Team 50.000 professionell gedruckte Flyer an die Passanten. Auf einer Seite des A6-Flyers steht passend zu der Aufschrift auf dem Banner das Wort Heilung und auf der anderen Seite steht folgender Text:

Wir glauben, dass Gott Sie liebt und Sie heilen kann von Rücken- oder Nackenschmerzen, Arthritis, Depressionen, chronischen Schmerzen, Schlafstörungen, Nikotinsucht, Allergien, Kopfschmerzen, Gehbehinderungen, Lungenproblemen, Ängsten, Verdauungsproblemen, Brustschmerzen oder jeglicher anderen körperlichen oder seelischen Krankheit.

Nehmen Sie Platz, wir beten für sie. Das ist völlig kostenlos! Wir bieten unabhängig vom Wetter jeden Samstag zwischen 10.30 und 13.00 Uhr vor dem Rathaus von Coleraine an, für Sie zu beten. Wir sind Christen aus der Causeway Coast Vineyard-Gemeinde.

In Nordirland müssen wir auf jedes Wetter vorbereitet sein, denn wir sind an jedem Samstag auf der Straße – ganz gleich, ob es regnet oder die Sonne scheint, aber meistens regnet es! Wasserdichte Behälter halten unsere Flyer und Bücher trocken. Wir verwenden große Schirme, um die Gebetssuchenden vor dem Regen zu schützen. Mithilfe von Küchentüchern sorgen wir gegebenenfalls dafür, dass die Menschen auf einem trockenen Stuhl Platz nehmen können. Mit heißem Wasser gefüllte Thermoskannen ermöglichen es uns, bei kaltem Wetter für das Team und für die Gebetssuchenden Tee oder Kaffee zuzubereiten.

In Coleraine müssen wir sowohl auf eisig kaltes als auch auf feuchtes Wetter vorbereitet sein. Das bedeutet, das Team muss mit Thermounterwäsche und wasserdichter Kleidung ausgestattet sein. Im Winter musste ich manchmal drei Thermounterhemden übereinander anziehen! Das Wetter ist jedenfalls nie ein Hindernis für Gott und es ist auch niemals ein Vorwand für uns, um nicht hinauszugehen. Die Menschen kommen bei jedem Wetter, um für sich beten zu lassen und wir würden sie im Stich lassen, wenn wir nicht vor Ort wären.

Das Konzept funktioniert am besten, wenn wir jede Woche zur selben Zeit am selben Ort sind. So entsteht eine gewisse Dynamik und die Menschen wissen, dass du immer dort bist, ganz gleich, wie das Wetter ist. Wir gehen niemals vor der Uhrzeit, die auf den Flyern zu lesen ist. Immer wieder haben wir erlebt, dass Menschen in letzter Minute zum Gebet kommen und erleichtert sind, uns noch anzutreffen, selbst wenn wir bereits damit begonnen haben, verschiedene Dinge zusammenzupacken.

Wir treffen uns eine halbe Stunde bevor wir anfangen aufzubauen und beten eine Zeit lang zusammen. Dann verteilen wir unsere Flyer an die Passanten. Der Flyer ist eine persönliche Einladung an die Kranken, auf einem der aufgestellten Stühle Platz zu nehmen. Wenn Menschen stehen bleiben und Interesse zeigen, fangen wir ein Gespräch an und fordern sie auf, uns zu einem der Stühle zu begleiten, wo wir für sie beten können.

Wir haben auch eine kleine Beschallungsanlage, die wir einsetzen, um zeitgemäße christliche Instrumentalmusik laufen zu lassen. Die Musik hilft den Menschen zu entspannen und sich auf Gottes Gegenwart einzustellen.

Die Teammitglieder, die zuvor an dem Trainingskurs teilgenommen haben dienen dann jedem, der sich auf einen der Stühle setzt. Andere verteilen währenddessen weiterhin die Flyer und sprechen mit interessierten Menschen.

Zwei bis vier Teammitglieder gehen zu jedem, der sich auf einen der Stühle gesetzt hat, wobei Männer für Männer und Frauen für Frauen beten. Wir stellen uns freundlich vor und fragen die Person nach ihrem Namen, um namentlich für sie beten zu können. Wenn wir sie fragen, wofür wir beten sollen, hören wir ihnen mit einem Ohr zu und mit dem anderen achten wir auf das, was Gott uns über diesen Menschen zeigt. Da wir keine Ärzte sind, beschäftigen wir uns nicht mit einer ausführlichen medizinischen Vorgeschichte. Wir wollen von den Gebetsuchenden lediglich wissen, was Jesus für sie tun soll.

Dann fragen wir sie, ob sie damit einverstanden sind, wenn wir ihnen die Hände auflegen. Wir platzieren unsere Hände so nah wie möglich an der betroffenen Stelle, dabei achten wir sorgsam darauf, dass sich niemand unbehaglich fühlt.

Bevor wir anfangen zu beten, schauen wir dem Hilfesuchenden in die Augen, und sagen ihm, dass Gott ihn von ganzem Herzen liebt. Häufig fließen die Gaben des Heiligen Geistes natürlicherweise durch uns, wenn wir anfangen, der jeweiligen Person die Wahrheit der Liebe Gottes ihr gegenüber zu vermitteln und aussprechen, was Gott über sie denkt. Wir erlebten oftmals, dass Menschen geheilt wurden, bevor wir für sie beteten, wenn sie die Liebe Gottes empfingen.

Was uns motiviert auf die Straße zu gehen, ist die unwiderstehliche Liebe Christi. Unabhängig davon, ob Menschen geheilt werden oder nicht, wollen wir, dass die Menschen, die auf den Stühlen Platz nehmen, keinerlei Zweifel mehr daran haben, dass Gott sie liebt und dass es eine Gruppe von leidenschaftlichen Christen gibt, die sich aufrichtig um sie kümmern.

Wenn wir anfangen zu beten, laden wir zunächst den Heiligen Geist ein, zu kommen und der jeweiligen Person seine Gegenwart zu offenbaren. Ferner beten wir, dass Gott sie mit seiner Liebe und seinem Frieden berührt. Wenn wir den Eindruck haben, dass der Hilfesuchende mit Gott in Verbindung gekommen ist, beten wir mit Autorität und sprechen hinsichtlich des Problems Worte der Vollmacht, um Heilung freizusetzen. Wenn beispielsweise jemand Krebs hat, befehlen wir dem Krebs zu verschwinden. Ganz gleich, um welche Krankheit es sich handelt, wir ergreifen Autorität darüber und befehlen der Krankheit und dem Schmerz den Körper der Person zu verlassen.

Während wir beten, bitten wir den Heiligen Geist, uns Worte der Ermutigung und des Trostes für diesen Menschen zu geben. Wir beten grundsätzlich mit geöffneten Augen. Wenn jemand aus dem Gebetsteam sein Gebet beendet, achten die Übrigen aus dem Team darauf, ob noch jemand etwas auf dem Herzen hat. Die Teammitglieder achten sowohl aufeinander als auch auf Gott und oftmals bekommt jedes Mitglied etwas vom Heiligen Geist gezeigt.

Einmal kam ein Mann zu uns, der Blasengeschwülste hatte. Als er dem Team erzählte, dass er wegen des Todes seines Vaters trauerte, hatte ein Teammitglied den Eindruck, dass Gott zu ihm durch Psalm 91, 4 sprechen wollte: „Mit seinen Schwingen deckt er dich, und du findest Zuflucht unter seinen Flügeln."

Als das Mitglied unseres Teams diesen Bibelvers weitergab, schwebte eine weiße Feder vom Himmel und landete auf dem Knie dieses Mannes. Er nahm die Feder, steckte sie in sein Portemonnaie und sagte: „Das ist von Gott."

Nach einer Weile kam er zurück, um zu berichten, dass er bei seinem Arzt gewesen war und sämtliche Blasengeschwülste verschwunden waren. Gott hatte diesen wertvollen Menschen nicht nur geheilt, sondern ihm in einer Zeit des großen Verlustes auch viel Trost gespendet.

Der Heilige Geist ist bei unseren Straßeneinsätzen unser Partner und wir haben gelernt, uns auf ihn zu verlassen. Er sehnt sich danach, jeden der Vorbeigehenden zu erreichen und anzurühren. Er ist sehr leidenschaftlich im Hinblick auf Menschen. Gott will seine Liebe und Barmherzigkeit auf den Straßen erweisen, damit Menschen erkennen, dass es einen Gott gibt, der sie liebt und der sich um sie kümmert.

In der Bibel heißt es, dass Gott *„den Geruch seiner Erkenntnis an jedem Ort durch uns offenbart!"* (2. Kor 2, 14). Wir sind Tempel des Heiligen Geistes. Er wohnt in uns und er fließt aus uns heraus, um Menschen zu berühren.

Wir sind wie das in den Evangelien erwähnte Alabasterfläschchen mit dem wohlriechenden Salböl, das zerbrochen und für Jesus ausgegossen wurde. Der Duft der kostbaren Narde erfüllte das ganze Haus. Der Wohlgeruch des Heiligen Geistes sollte unsere Straßen erfüllen. Das wird durch uns geschehen, wenn wir es zulassen, zerbrochen und, wie jenes Alabasterfläschchen, für die Verlorenen ausgegossen zu werden –, indem wir uns bewusst machen, dass Jesus uns seine Autorität gegeben und mit dem Heiligen Geist bevollmächtigt hat.

Wir haben auch gelernt, aus einer Position der Ruhe zu beten. In Epheser 2, 6 heißt es: *„Er hat uns mitauferweckt und mitsitzen lassen in der Himmelswelt in Christus Jesus ..."*

Jesus wurde auferweckt und sitzt jetzt zur Rechten des Vaters auf einem Thron der Macht und Autorität. Und da wir zusammen mit Christus auferweckt worden sind, sitzen wir mit ihm auf diesem Thron. Sein Thron ist ein Ort der Ruhe und aus dieser Position übt Jesus seine Autorität aus und delegiert sie an uns.

Der Dienst auf der Straße verlangt uns so viel ab, dass wir sehr schnell ausbrennen, wenn wir aus eigener Kraft agieren. Wir müssen lernen, Wasser aus der tiefen Quelle des Heiligen Geistes zu schöpfen. Wenn wir das tun, werden nicht ausbrennen, sondern erquickt. Je mehr wir diese Quelle anzapfen, desto mehr können wir geben. Schöpfen wir aus den unerschöpflichen Ressourcen Gottes, geschieht Folgendes: Anstatt Panik bekommen wir Frieden; anstatt Furcht haben wir Glauben; anstatt gestresst zu sein, werden wir gestreckt und wenn wir unsere vermeintlichen Grenzen überschreiten, können wir wachsen.

Für Heilung zu beten, ist eine wunderbare Gelegenheit, Gottes Liebe und Barmherzigkeit weiterzugeben. In einer Welt mit so vielen leidenden und zerbrochenen Menschen ist es notwendig, in der sanften Liebenswürdigkeit Jesu zu dienen. Die Art und Weise, wie wir dienen, ist von entscheidender Bedeutung. Eine Frau, für die gebetet wurde, sagte hinterher, am meisten hätte sie die außerordentliche Liebenswürdigkeit beeindruckt, die ihr hier entgegengebracht wurde.

Wir sollten Menschen mit Liebe und Barmherzigkeit überschütten und wenngleich wir glauben, dass Gott jede Krankheit und jede Fehlbildung heilen kann, beurteilen wir während des Gebets nicht, was Gott unserer Meinung nach tut, weil wir den wirksamen Heilungsprozess im Leben eines Menschen nicht immer sehen können. In dem Wissen, dass Jesus durch uns heilt, können wir voll Zuversicht beten, und da wir wissen, dass die Resultate unserer Gebete seine Sache sind, müssen wir ihm vertrauen und in ihm ruhen.

Wenn wir für jemanden gebetet haben, fordern wir denjenigen immer auf, seine Heilung zu überprüfen, indem er etwas tut, was er zuvor nicht tun konnte. Für jene mit Schmerzen oder irgendeiner Form von Behinderung ist leicht festzustellen, ob sie geheilt wurden – und wir fordern sie immer auf, das zu überprüfen. Für andere mag das bedeuten, dass sie einen Arzt aufsuchen müssen, der die Heilung bestätigt, und wenn jemand Medikamente nimmt, empfehlen wir, diese erst dann abzusetzen, wenn er mit seinem Arzt gesprochen hat.

Wir übergeben jedem, für den wir beten, einen A5 Umschlag, der einen Brief enthält, in dem erklärt wird, wer wir sind und weshalb wir getan haben, was wir getan haben, sowie Informationen darüber, wie man die Beziehung zu Gott weiter vertiefen kann. Des Weiteren enthält der Umschlag das Büchlein Jesus? (Nicky Gumbel) und eine Einladung, unsere Gemeinde zu besuchen. Wir sind darauf bedacht, dass sämtliches Informationsmaterial gut präsentiert wird und von hoher Qualität ist.

Anfangs dauerte es eine Weile, bis sich jemand zu den Stühlen wagte. Wir mussten Gott vertrauen, dass er im Verborgenen handelte und Menschen zu sich zog. Ebenso wie ein Bauer, der den Samen gesät hat, mussten wir geduldig warten in dem Wissen, dass der Same keimen und schließlich eine Ernte zeitigen würde. Da wir uns langfristig engagieren würden, gerieten wir zu keinem Zeitpunkt in Panik.

Wenn ich in anderen Städten Teams ausbilde, ermutige ich sie immer, an dem von uns entwickelten Konzept festzuhalten, selbst wenn Dinge zunächst langsam vorangehen oder es sich schwierig gestaltet, Fahrt aufzunehmen. Wegen der Einfachheit des Konzepts könnte man versucht sein, es zu verändern oder zu verkomplizieren. Ich habe erlebt, dass es dazu aus den unterschiedlichsten Gründen kam: Entmutigung; Ablenkung; dem Wunsch, auf frühere Konzepte für Evangelisation zurückzugreifen; keine sofortigen Ergebnisse und mangelnder Blick für das große Ganze.

Wenn wir jedoch den Boden beackern und Samen säen, wird eine Ernte gewiss nicht ausbleiben. Menschen werden zu den Stühlen gehen. Sie werden auf die Flyer reagieren. Sie werden zurückkommen, um erneut für sich beten zu lassen und Menschen werden kommen, weil sie gehört haben, was Gott für ihre Freunde oder Familie getan hat.

In den Anfangstagen, als ich noch keinen Administrator hatte, fiel es mir schwer, all die eingehenden Einladungen zu organisieren. Aus diesem Grund bereitete ich hinsichtlich des HADS-Konzepts, über das ich lehren würde, einen kleinen Leitfaden vor, den ich den Gemeinden bereits vor meinem Kommen zusandte. Darin waren auch all die Dinge detailliert aufgeführt, die wir brauchten und wo man diese bekommt – die Holzstühle, das Banner, die Beschallungsanlage, die Flyer und so weiter.

Bei einer denkwürdigen HADS-Einführung in einer bestimmten Stadt lief nicht alles nach Plan. Ich war davon ausgegangen, dass alles vorbereitet war, als ich eintraf. Mir rutschte jedoch das Herz in die Hose, als ich sah, dass nahezu jeder für den Dienst benötigte Ausrüstungsgegenstand nicht unseren Empfehlungen entsprach und sich nicht für einen Straßeneinsatz eignete. Ich dachte, ich hätte mich deutlich ausgedrückt, aber ich hatte das Equipment nicht überprüft. Ich habe Folgendes schon häufig gesagt: Ich weiß, dass Gott auch ohne dieses Beiwerk auskommt, aber es gibt einen guten Grund dafür, weshalb man hochwertiges Material verwenden und etwas bestmöglich präsentieren sollte. Das in diesem Fall uns zur Verfügung stehende Banner war über fünf Meter lang, aber es fehlte ein Mast. Das Banner war riesig.

„Wo wollt ihr es anbringen?", fragte ich.

„Oh, es gibt dort einen ziemlich hohen Pfosten, an dem wir es befestigen können."

Ich traf ganz bewusst die Entscheidung, mich nicht entmutigen zu lassen. Ich würde mein Bestes geben, und nachdem ich an jenem Abend über das HADS-Konzept gelehrt hatte, war ich zufrieden, dass ich nichts zurückgehalten hatte. Als ich aus dem Gemeindegebäude kam, blickte ich kurz auf und sah, wie sich jemand aus dem Beifahrerfenster eines vorbeifahrenden Autos lehnte. Als ich am Hals von einem rohen Ei getroffen wurde, sah ich alles verschwommen. Zunächst war ich wegen der Wucht, mit der es mich traf und der Tatsache, dass der glibberige Inhalt an der Innenseite meines Hemdes herunterlief, geschockt. Irgendjemand lachte auf meine Kosten, aber ich blieb auf dem Bürgersteig stehen und pries Gott. Was für ein Start!

Am nächsten Tag war es regnerisch, grau und ungemütlich. Als wir uns daranmachten, die Stühle aufzustellen, konnte ich sehen, wohin das an diesem Tag führen könnte.

Die Sitzfläche der Stühle war schaumgepolstert und sogen den Regen natürlich auf wie ein Schwamm. Die fotokopierten Flyer fielen aufgrund der Feuchtigkeit buchstäblich auseinander. Die riesige Beschallungsanlage funktionierte nicht und ich dachte, dass diese uns sowieso um die Ohren fliegen würde, da keine Abdeckplane vorhanden war. Die Leiter war nicht lang genug, um das unglaublich große Banner an der Spitze des feststehenden Pfostens befestigen zu können. Darüber hinaus sah ich die potenzielle Gefahr, dass jemand bei dem Befestigungsvorgang einen schlimmen Unfall haben könnte.

Schließlich wurde das Banner von einem großen, auf den Zehenspitzen stehenden Mann, notdürftig befestigt, aber das untere Ende des Banners lag aufgerollt auf dem Boden! Es war wie eine Szene aus Fawlty Towers und jedermann, der das beobachtet hätte, hätte sich schiefgelacht! Jemand machte sich unbemerkt auf und kaufte ein wetterbeständiges Regendach. Er schüttete den Inhalt des Kartons auf den Boden! Das war der Punkt, an dem ich eine gewisse Panik verspürte und die Gegenwart und der Friede Gottes anfingen, sich zu verflüchtigen. Ich musste dringend beten und mich in Gott bergen. Also hob ich meine Hände empor und sagte:

„Hört mal alle her, ich muss jetzt erst mal beten."

An unserem Standort tummelten sich viele Tauben, und weil es so viel geregnet hatte, war der Asphalt von weißem, glibberigem Taubenkot übersät. Als ich jeden einzelnen der gut gekleideten Teammitglieder ansah, dachte ich mir, dass ich sie unmöglich auffordern konnte, sich mit mir hinzuknien und deshalb sagte ich:

„Also, ich muss jetzt unbedingt beten. Ihr müsst euch nicht hinknien, ihr könnt stehen bleiben, aber ich muss beten."

Ich trug eine helle Khakihose, und nachdem ich die Augen geschlossen hatte, kniete ich auf dem glibberigen Untergrund nieder. In dem Moment, als meine Knie den Boden berührten, verspürte ich erneut die Gegenwart Gottes und seinen Frieden. Ich ruhte wieder in Gott und dankte ihm für seine Gegenwart. Das war alles, was ich brauchte. Ich war mir der Menschen um mich herum nicht einmal mehr bewusst, denn dass ich mich mit Gott wieder verbunden fühlte, war alles, was für mich zählte. Als ich meine Augen wieder öffnete und sah, dass alle anderen sich ebenfalls hingekniet hatten, dachte ich nur:

„Oh Herr, segne sie. Ihre Kleidung ist wohl ruiniert."

Dann dachte ich daran, in was für einem erbärmlichen Zustand meine Kleidung sein würde, aber als ich aufstand, stellte ich fest, dass keinerlei Flecken auf meiner Hose waren. Sie war weder schmutzig noch nass. Tatsächlich sah sie aus, als käme sie gerade aus der Reinigung. Als ich staunend darüber nachdachte, kam der Pastor zu mir und sagte verwundert:

„Sieh dir die Kleidung der anderen an. Alle Hosen sind vollkommen unbeschmutzt und trocken!"

Nun kamen Menschen zu den Stühlen. Die Sitzflächen waren wie ein nasser Schwamm, aber sie nahmen darauf Platz. Einer nach dem anderen wurde durch die Kraft Gottes geheilt. Wir mussten wegen einer Einsatzbesprechung zurück zur Gemeinde, als noch immer für Menschen gebetet wurde. Doch selbst während der Einsatzbesprechung klingelten Leute an der Tür und sagten:

„Wir haben euch gesucht. Sind wir zu spät, um für uns beten zu lassen?"

Damals sprach Gott zu mir. Obwohl ich es in meinem Kopf bereits wusste, machte er mir noch einmal deutlich: Hilfsmittel sind einfach nur Hilfsmittel. Besagte Hilfsmittel finden deshalb im HADS-Konzept Erwähnung, weil ich den Wunsch hatte, dass wir uns bei den Einsätzen bestmöglich präsentieren. Mir ist daran gelegen, dass Menschen sich nach diesen Leitlinien richten, weil ich glaube, dass dieser Dienst dann am Besten zum Tragen kommt. Aber letzten Endes ist Heilung auf der Straße nicht von diesem Beiwerk abhängig, sondern von der Gegenwart Gottes. Mit Gottes Gegenwart geht auch Gottes Kraft einher und seine Gegenwart ist von wahrem Frieden geprägt. Das ist die Atmosphäre, in der wir für die Kranken beten. Und Gott kommt in seiner Liebe und seinem Erbarmen und wirkt mit seiner heilenden Gegenwart.

11

WIE HEILUNG GESCHIEHT

Menschen können auf vielerlei Weise Heilung empfangen. Wenn wir auf der Straße für Menschen beten, versprechen wir nie, dass sie geheilt werden. Aber wir versprechen, unser bestes Gebet für sie zu beten, und Gott das Ergebnis zu überlassen. Falls du dich jetzt fragst, was ich mit unser bestes Gebet meine, sei dazu Folgendes gesagt: Wir beten von ganzem Herzen und voll Barmherzigkeit in Übereinstimmung mit dem Anliegen der jeweiligen Person zu Gott. Für Gott ist eine Herzenshaltung der Barmherzigkeit wichtiger als der Inhalt unserer Gebete, selbst wenn wir falsch liegen!

Als junger, unerfahrener Christ wollte ich unbedingt lernen, wie man effektiv betet. Ich erinnere mich, dass ich einmal für einen Mann betete, der während eines Gottesdienstes nach vorne kam, weil er für Heilung beten lassen wollte. Die Lobpreisband spielte so laut, dass ich nur mit Mühe verstehen konnte, was mit diesem Mann nicht stimmte. Ich kniete nieder, umfasste seine Fußknöchel und betete, so gut ich es vermochte. Ich glaubte von ganzem Herzen, dass Gott die Fußgelenke des Mannes vollständig heilen würde. Ich betete gezielt, glaubensvoll und ernstlich. Dieses Gebet kam von Herzen. Ich war so erwartungsvoll, dass dieser Mann geheilt würde, dass ich es nicht abwarten konnte, das Ergebnis meines Gebets zu sehen. Als die Musik ausklang, sprang ich auf und fragte ihn:

„Wie fühlen sich deine Fußgelenke an? Überprüfe sie."

Der Mann schaute mich etwas irritiert an und sagte: „Ich hatte kein Problem mit den Fußgelenken, sondern mit meinem Nacken!"

„Oh, Verzeihung", antwortete ich.

„Ist schon in Ordnung", sagte er lachend, während er seinen Kopf seitlich hin und her drehte: „Ich bin geheilt!"

Jedes Mal, wenn wir beten, fordern wir die Menschen auf, ihre Heilung zu überprüfen und etwas zu tun, was sie zuvor nicht tun konnten. Wir lehren, dass Heilung auf dreierlei Weise geschehen kann: sofort, schrittweise - und selbst wenn sich nicht sofort ein Zeichen der Heilung ausmachen lässt, kann diese sich immer noch auf dem Heimweg einstellen.

Manchmal werden Menschen auf der Stelle geheilt und das können sie dann auch sofort bestätigen. Wir erzählen niemandem, dass Gott jemanden geheilt hat, wenn die entsprechende Person es nicht selbst oder ihr Arzt im Nachhinein bestätigt.

Lindsay, eine junge Frau, kam zusammen mit ihrem Freund, der bereits auf ein Wort der Erkenntnis hin von einem Nierenproblem geheilt worden war, um für sich beten zu lassen. Sie war fünf Jahre zuvor vom Heck eines Feuerwehrfahrzeugs gestürzt. Sie war mit dem Kopf auf den Boden aufgeschlagen und aufgrund einer Blutung nahe des Tränenkanals auf dem linken Auge erblindet. Nachdem die Ärzte sie untersucht hatten, teilten sie ihr mit, dass sie auf diesem Auge nie wieder sehen würde.

Überdies war kürzlich bei einer Untersuchung festgestellt worden, dass sie im rechten Auge, wahrscheinlich erblich bedingt, unter einem degenerativen Nervenschaden litt. Die Teammitglieder legten die Hände auf Lindsays Augen und beteten mit Autorität. Lindsay sagte, dass sie in dem Moment auf dem zuvor blinden Auge perfekt sehen konnte, als sie ihre Hände von ihren Augen nahmen! Sie war sehr erstaunt und total sprachlos angesichts dessen, was Gott für sie getan hatte.

Wenn Menschen auf der Stelle geheilt werden, teilen sie uns das natürlich mit, aber es kommt wesentlich häufiger vor, dass die Heilung schrittweise erfolgt. Häufig erleben Menschen, nachdem für sie gebetet wurde, unterschiedliche Stufen von Heilung – von einer leichten bis hin zu einer deutlichen Verbesserung ihres Zustands. Wenn uns beispielsweise jemand berichtet, dass er sich besser fühlt oder besser bewegen kann, lassen wir ihn wissen, dass Gott dabei ist, ihn vollständig zu heilen.

In Markus 16, 17-18 heißt es: *„Diese Zeichen aber werden denen folgen, die glauben: In meinem Namen ... werden sie*

Kranken die Hände auflegen, und sie werden gesunden" (Vers 18 frei übersetzt nach der englischen NIV).

Gemäß dieser Übersetzung sagte Jesus, dass Gesunden ein Prozess ist. Folglich habe ich, wenn ich bete, den Glauben, dass Heilung auf irgendeine Weise einsetzt – sei es, dass sie sofort sichtbar wird oder dass sie sich langsam entwickelt. Manche Christen sind in puncto Heilung so engstirnig, dass sie glauben diese könnte nur auf eine Weise geschehen. Einige nehmen fälschlicherweise an, falls Gott überhaupt heilt, würden Menschen auf der Stelle geheilt. Aber Heilung ist nicht immer in vollem Umfang sichtbar. Wenn wir hinsichtlich dessen, wie Heilung geschieht, ein falsches Verständnis haben, können wir sogar unser eigenes Gebet neutralisieren – selbst dann, wenn wir davon überzeugt sind, im Glauben gebetet zu haben. Wenn ein Christ betet und glaubt, dass nichts geschehen sei, weil keine erkennbare Veränderung eingetreten ist, hat er das Gebet des Glaubens negiert. Er hat sein Gebet Gott dargebracht, ihm förmlich Flügel verliehen, es aber bildlich gesprochen wieder zurückgeholt, sodass es nichts bewirkt.

> *»Weil euer Glaube so gering ist«, sagte Jesus. »Ich versichere euch: Wenn euer Glaube auch nur so groß wäre wie ein Senfkorn, könntet ihr zu diesem Berg sagen: ‚Rücke dich von hier nach da', und er würde sich bewegen. Nichts wäre euch unmöglich.«*

Matthäus 17, 20 (Neues Leben)

Wenn nicht sofort eine sichtbare Veränderung eintritt, bedeutet das nicht, dass nichts geschieht! Jesus sagt nicht, wie lange es dauert, bis sich der Berg bewegt. Es wäre großartig, wenn es sofort geschehen und der Berg durch die Luft fliegen würde, sodass jeder es sehen könnte. Aber Jesus sagt, dass es gewiss geschehen wird, wenn du deinen ganzen Glauben einsetzt, ganz gleich, wie klein er ist.

Der Berg könnte alles Mögliche sein. Eine bestimmte Situation, eine Krankheit oder buchstäblich ein Berg. Angenommen, du würdest zum Mount Everest sprechen und diesem unfassbar hohen Berg befehlen, sich hinwegzuheben und dabei von ganzem Herzen glauben, dass dieser sich bewegt – und dieser würde sich 1 Millimeter bewegen! Obwohl du es mit keinem deiner fünf Sinne wahrnehmen kannst und es kein Instrument gibt, mit dem sich eine so minimale Bewegung messen lässt, ist es eine Tatsache, dass der Berg sich bewegt hat.

Hast du jemals darüber nachgedacht, was im Körper eines Menschen auf mikroskopisch kleinem Level geschieht, wenn Gott anfängt, diesen zu heilen? Wenn wir auf einem solchen mikroskopischen Level sehen könnten, würden wir feststellen, dass unser Körper einzig und allein durch für uns unsichtbare Realitäten zusammengehalten wird. Sämtliche Materie im Universum, einschließlich unseres Körpers, wird durch Gottes gesprochenes Wort zusammengehalten. Ich glaube, dass in dem Moment, in dem du deinen Mund öffnest, um die Autorität Christi auszuüben und einem Körper befiehlst, geheilt zu werden oder was auch immer herbeigeführt werden muss, Folgendes geschieht: Die mikroskopischen Partikel, Atome und Moleküle fangen an, sich im Gehorsam gegenüber dem gesprochenen Wort solange zu beschleunigen und zu bewegen, bis ein Zustand der Gesundheit wiederhergestellt ist.

Wenn ich also zu einem Berg spreche und diesem befehle, sich zu bewegen, dann glaube ich, dass dieser Berg sich bewegt hat, obwohl diese Tatsache mit bloßem Auge nicht wahrnehmbar ist. Wenn sich der Berg nur einen Millimeter pro Tag bewegt, ist er in Bewegung – zunächst ist diese nicht wahrnehmbar, aber schließlich kann man die erfolgte Bewegung erkennen.

Es dauert unterschiedlich lange, bis die Bewegung des Berges wahrnehmbar ist. Aber der Zeitpunkt wird kommen, dass man den Berg anschaut und weiß, dass er sich bewegt hat. Die Phase zwischen einer nicht wahrnehmbaren und einer wahrnehmbaren Veränderung nennt man Glauben.

Wir verleihen unserem Gebet Flügel und ermöglichen ihm, zu Gott aufzusteigen. König David sagt:

HERR, in der Frühe wirst du meine Stimme hören.
In der Frühe rüste ich dir ein Opfer zu und spähe aus.

Psalm 5, 4

Im Glauben zu warten, bedeutet geduldig und erwartungsvoll zu warten. Du erwartest bewusst, dass eine Veränderung eintritt und der Moment, in dem etwas wahrnehmbar wird und du diese Veränderung mit deinen natürlichen Sinnen ausmachen kannst, ist wie ein Wendepunkt. Vielleicht ist die gewünschte Veränderung noch nicht vollständig eingetreten, aber du weißt jetzt, dass sie unterwegs ist.

In 1. Könige 18 lesen wir von Elia, wie er auf den Gipfel des Berges Karmel geht, um für Regen zu beten. Ich glaube, in dem Moment, als er seinen Mund öffnet, um zu beten, hat er die Erwartung, dass es anfangen würde, zu regnen – und Gott reagiert darauf.

Es ist brütend heiß und die Luft staubtrocken. Aber plötzlich verdunstet etwas vom Meerwasser und die trockene Luft wird mit Wasserdampf angereichert. Elia fragt seinen Diener: „Was siehst du?" Er erwartet, dass etwas geschieht. Er betet dasselbe Gebet nicht wieder und wieder, sondern er hat die fortschreitende Entwicklung aufgrund seines ursprünglichen Gebets im Auge. Indem er nun fortfährt, intensiv und ernstlich zu beten, weiß er, dass die Antwort kommt und er ist begeistert. Er spürt eine Veränderung in der Atmosphäre. Er kann spüren und riechen, wie die trockene Luft an Feuchtigkeit zunimmt. Also fragt er seinen Diener noch einmal: „Was siehst du?" Aber der kann immer noch keine Veränderung ausmachen.

Schließlich ist die Atmosphäre so sehr mit Wasserdampf angereichert, dass dieser anfängt, zu kondensieren und sich eine Wolke bildet. Das ist der Augenblick, in dem der Diener beobachtet, wie eine Wolke entsteht. Es fällt zwar noch kein Regen, aber es ist ein Wendepunkt. Ist dieser Wendepunkt erreicht, steigt nochmals die Erwartung. Deshalb sagt Elia, als der Diener die winzige Wolke sieht: *„Lass uns laufen, es fängt bald an zu regnen."*

Ich ermutige Menschen, nach einem Anzeichen Ausschau zu halten, das ein Wendepunkt sein könnte. Viele Christen neigen dazu, nicht auf das zu achten, was Gott tut, sondern auf das, was er nicht tut. Dieser Standpunkt und diese Sichtweise über Gott sind falsch. Glaube funktioniert in beide Richtungen. Er funktioniert in richtiger

Weise, wenn wir das Richtige glauben, aber er funktioniert auch in umgekehrter Richtung, wenn wir die Lügen glauben, die der Feind gesät hat.

Eine Lüge, die der Feind gesät hat und die häufig von Christen geschluckt wird, ist die, dass es möglich sei, seine Heilung zu verlieren. In Johannes 8, 36 heißt es: *„Wenn nun der Sohn euch frei machen wird, so werdet ihr wirklich frei sein."* Ich glaube, dass der Feind darauf aus ist, Menschen glauben zu machen, die empfangene Heilung sei nicht von Dauer. Wenn ein bestimmtes Leiden zurückkommt, muss die entsprechende Person genau genommen nicht Heilung empfangen, sondern von einem Geist der Krankheit befreit werden. Da ein Dämon nicht geheilt werden kann, muss man ihn austreiben. Manchmal kommt eine Krankheit, von der Gott jemanden geheilt hat, aber auch deshalb zurück, weil der Betroffene den eigenen Körper in sozialer Hinsicht missbraucht.

Manchmal braucht es Zeit, um nach empfangenem Heilungsgebet vollständig zu genesen. Viele Menschen, für die wir beten, werden über einen gewissen Zeitraum hinweg geheilt. Wenn wir für sie gebetet haben und sich keine sofortige Veränderung eingestellt hat, erklären wir ihnen, wie Heilung funktioniert und dass sich ihre vollständige Heilung auf ihrem Nachhauseweg, in einem Tag oder nach mehreren Tagen einstellen kann. Wir fordern sie grundsätzlich auf, uns eine Rückmeldung über ihr Befinden zu geben und weiterhin so oft wie nötig für sich beten zu lassen. Wir tun das, weil wir möchten, dass sie in einer Haltung des Glaubens verharren, wenn sie fortgehen.

Annie kam aus Baltimore. Im Februar 2005 wurde bei ihr Leberkrebs festgestellt. Die Ärzte gaben ihr noch 18 Monate zu leben und sagten ihr, dass sie nichts mehr für sie tun könnten. Im Juni 2005 erfuhr sie von HADS und kam zu uns, um für sich beten zu lassen. Zu diesem Zeitpunkt stand es sehr ernst um sie und die Farbe ihrer Haut war tieforange. Aber als die Teammitglieder anfingen, ihr im Gebet zu dienen, konnten sie mit eigenen Augen sehen, wie sich ihre Hautfarbe veränderte. Nachdem das erste Mal für sie gebetet worden war, fühlte sich Annie bereits wesentlich besser und sie kam Woche für Woche, um erneut für sich beten zu lassen. Sie konnte jedes Mal eine weitere Verbesserung ihres Zustands feststellen.

Als Annie schließlich ihren Arzt aufsuchte, hatte sie eine rosige Hautfarbe.

Er sagte: „Annie, wenn ich es nicht besser wüsste, würde ich sagen, dass du keinesfalls Krebs hast."

Er untersuchte sie gründlich und führte alle erforderlichen Tests durch. Die Ergebnisse besagten, dass sich in ihrem Körper keinerlei Spuren von Krebs mehr nachweisen ließen. Ihr Arzt nannte sie ein „wandelndes Wunder"!

Bei Alan aus Limavady wurde ebenfalls Krebs diagnostiziert. Er kam 2007 zu uns, um für sich beten zu lassen. Bei ihm waren inoperabler Zungen-, Kehlkopf- und Lymphdrüsenkrebs in fortgeschrittenem Stadium festgestellt worden. Er stand kurz davor, mit einer siebenwöchigen Strahlen- und Chemotherapie zu beginnen. Alan erzählte uns später, dass er bereits unmittelbar, nachdem zum ersten Mal für ihn gebetet wurde, in seiner Zunge eine leichte Verbesserung gespürt hatte, was er allerdings als Wunschdenken abgetan hatte. Das war der Grund, warum er zunächst niemandem davon erzählte. Aber noch am selben Abend stellte er fest, dass er zwei Schluck Guinness auf einmal trinken konnten. Zuvor konnte er nur jeweils einen Schluck trinken!

Während der erwähnten Therapie kam Alan jeden Samstag, um für sich beten zu lassen. Obwohl er keine gravierenden Veränderungen spürte, wurde ihm von seinen Fachärzten gesagt, dass die Resultate der Nachbehandlung „unfassbar" und „erstaunlich" seien. Ferner teilten sie ihm mit, dass er krebsfrei war, wenngleich noch weitere Kontrolluntersuchungen nötig seien. Er sagte uns, dass er keinerlei Zweifel daran hatte, dass die Gebete maßgeblich zu seiner schnellen Genesung beigetragen hatten.

Es ist wunderbar, mit Ärzten zusammenzuarbeiten, um Menschen Heilung zu bringen, aber da wir keine medizinische Ausbildung haben, raten wir jedem, seine Medikamente solange weiter zu nehmen, bis sein Arzt ihm etwas anderes rät. Wenn Menschen geheilt werden ermutigen wir sie grundsätzlich, sich ihre Heilung von einem Arzt bestätigen zu lassen. Die Verifikation der erfolgten Heilung seitens der Ärzte ist für andere häufig eine großartige Bestätigung dessen, was Gott wirken kann und will.

Manchmal reagieren Ärzte allerdings auch sehr skeptisch. Nadine, die Tochter von Philip und Maxine McCluskey, besuchte eine Universität in England, als wir in Coleraine mit HADS begannen. Sie litt bereits seit fünf Jahren an Zöllakie, einer Glutenallergie, die als unheilbar gilt.

Zwei Wochen nach dem Start von HADS, nach Abschluss des Semesters, kam sie zurück nach Hause. Sie ließ auf der Straße für sich beten. Noch während des Gebets sagte Nadine, dass sie spürte, dass Gott sie berührt hatte. Sofort darauf sagte sie, dass sie den Drang hätte, ein Panini-Sandwich zu essen – und das war natürlich das Letzte, was jemand mit einer solchen Allergie tun sollte! Als verantwortungsvolle Eltern waren sowohl ihr Vater als auch ihre Mutter besorgt, dass ihre Tochter etwas essen wollte, das bei ihr möglicherweise starke Übelkeit verursachen würde. Sie hatten zwar Furcht im Herzen, wollten aber dennoch im Glauben handeln, und da Nadine sehr entschlossen war, machten sie sich schließlich auf, um ein Panini zu essen.

Normalerweise würde Nadines Haut nach dem Verzehr eines Weizenprodukts innerhalb einer halben Stunde aussehen, als hätte sie einen Sonnenbrand und es würden sich Bläschen bilden. Außerdem hätte sie mit Übelkeit und extremer Müdigkeit zu kämpfen. Eine halbe Stunde verging – nichts. Und auch nach einer vollen Stunde war ihr nichts anzumerken. Selbst nach zwei Stunden kam es zu keinerlei allergischen Reaktionen. Jetzt hatte Nadine Appetit auf ein heißes Rosinenbrötchen. Da auch danach jegliche allergische Reaktion ausblieb, fing sie an, Sandwiches und Cerealien zu essen – all die Dinge, die ihr vorher nicht erlaubt waren.

Als sie nach England zurückkehrte, um ihr Studium fortzusetzen, vereinbarte sie einen Arzttermin. Sie sagte zu ihrem Arzt:

„Als ich in Coleraine war, wurde auf der Straße für mich gebetet. Ich wurde geheilt und ich möchte, dass Sie jetzt einige Tests durchführen."

Der Arzt lachte nur.

„Es gibt kein Heilmittel gegen Zöliakie. Wir können dieses Problem in Schach halten, aber wir können Zöliakie nicht heilen."

Nadine war hinsichtlich der Tests hartnäckig, aber der Arzt weigerte sich, diese durchzuführen. Er argumentierte, dies sei eine Verschwendung von Geld und Zeit. Daraufhin sagte Nadine, dass sie für die Untersuchungen aufkommen würde. Sie bestand aber darauf, die Testergebnisse schriftlich zu bekommen. Der Arzt sagte spöttisch:

„Angenommen Sie sind geheilt. Bedeutet das, dass wir all jene, die an Zöliakie leiden, zur Coastway Coast schicken, um für sich beten zu lassen?"

„Ganz wie Sie wollen", sagte Nadine. „Jedenfalls möchte ich die Testergebnisse haben, bitte."

Sehr widerstrebend und nach viel gutem Zureden führte der Arzt die Tests durch und drei Wochen später lagen die Ergebnisse vor: negativ. Es gab keine Anzeichen für Zöliakie und Nadine ist bis heute frei von dieser Unverträglichkeit.

Häufig manifestiert sich die Heilung, wenn Menschen ihres Weges gehen – so wie in dem Bericht über die zehn Aussätzigen in Lukas 17,11-19. In der Bibel heißt es:

„... Und es geschah, während sie hingingen, wurden sie gereinigt" (Lk. 17, 14).

Ein Ehepaar aus Canvan machte Urlaub in der Causeway-Küstenregion und beschloss, unmittelbar vor der Rückreise einen Abstecher nach Coleraine zu machen, um dort einige Last-Minute-Einkäufe zu erledigen. Aufgrund einer Epiduralanästhesie während der Entbindung, bei der tragischerweise ein Fehler unterlaufen war, war die Frau von der Hüfte abwärts gelähmt und saß im Rollstuhl. Die Ärzte konnten nichts weiter für sie tun. Als sie unser Banner auf der Straße sah, und spürte, dass sie nichts zu verlieren hatte, kam sie gemeinsam mit ihrem Ehemann, um für sich beten zu lassen.

Nachdem wir für sie gebetet hatten, war sie noch immer gelähmt und es gab keine Anzeichen für eine Veränderung ihres Gesundheitszustands. Aber auf der Rückfahrt nach Hause sagte sie plötzlich zu ihrem Mann, dass irgendetwas mit ihren Beinen passierte. Sie bat ihn, anzuhalten. Als er an die Seite fuhr, sprang sie aus dem Auto und lief hin und her. Sie war vollständig geheilt.

Das Zeugnis dieser Frau verbreitete sich wie ein Lauffeuer in der Umgegend und viele Menschen aus Canvan kamen, um für sich beten zu lassen. Wir hätten nicht gewusst, was dieser Frau widerfahren war, wenn nicht Bewohner aus Canvan aufgrund ihres Zeugnisses gekommen wären, um für sich beten zu lassen.

Häufig kommen jedoch Menschen zu uns zurück, um uns von ihrer Heilung zu berichten, obwohl es während des Gebets dafür keine Anzeichen gab. Irgendwann, nachdem für sie gebetet wurde, setzte eine schrittweise Genesung ein und dann kommen diese Menschen Wochen oder sogar Monate später zurück, um uns davon zu erzählen.

Manchmal müssen wir für Menschen nicht nur einmal, sondern mehrere Male beten. In Markus 8 lesen wir, dass Jesus in Betsaida einem Blinden die Hände auflegte. Nachdem Jesus für diesen Mann gebetet hatte, fragte er ihn, ob er etwas sehen könne. Als dieser sagte: *„Ich sehe die Menschen, denn ich sehe sie wie Bäume umhergehen"* (Mk. 8, 24), legte Jesus ihm ein zweites Mal die Hände auf und betete. Danach war sein Augenlicht vollkommen wiederhergestellt.

Wenn Jesus ein weiteres Mal beten musste, dann wird es gewiss Situationen geben, in denen wir das ebenfalls tun müssen. Wir sagen den Menschen immer, dass sie so oft wiederkommen und für Heilung beten lassen können, wie sie wollen. Wir möchten, dass Menschen in einer Haltung des Glaubens gehen – selbst wenn sie nicht auf der Stelle geheilt wurden, verdeutlichen wir ihnen, dass das weder bedeutet, Gott würde sie nicht lieben noch, dass mit ihrem Glauben etwas nicht stimmt. Es kann durchaus sein, dass sie zu einem späteren Zeitpunkt eine gottgewirkte Heilung erleben.

Ferner müssen wir davon absehen, Krankheiten in irgendeine Form von Bewertungssystem einzuteilen. Einige haben ein Glaubenssystem entwickelt, wonach manche Krankheiten einfacher zu heilen sind als andere. Das ist unbiblisch und entspricht nicht der Wahrheit, selbst wenn unsere Erfahrung etwas anderes sagt.

Ich war es gewohnt zu glauben, dass man in puncto Heilung Fortschritte machen musste, indem man zunächst für etwas „Leichtes", wie beispielsweise für Kopfschmerzen betete, um sich dann an etwas Schwierigerem auf der Skala, wie einen Gehirntumor, zu wagen. Aber natürlich ist sowohl die Heilung von Kopfschmerzen als auch die von einem Gehirntumor ohne die Kraft Gottes unmöglich. Eines Tages zeigte mir Gott meinen Irrtum auf spektakuläre Weise.

Vor einigen Jahren, während eines Wochenendseminars in einer Gemeinde in Kings Heath, England, lehrte Gott mich eine Lektion, die ich niemals vergessen werde. Vielleicht sollte ich erwähnen, dass wir das HADS-Konzept noch nicht in der ausgereiften Form verwendeten, wie wir es heute tun. Aber ich machte damals einen wichtigen Schritt in dem Lernprozess, wie Kranke geheilt werden.

Diese kleine Gemeinde hatte darum gerungen, die Menschen in der Region zu erreichen. Seit zwei Jahren hatte man Von-Haus-zu-Haus-Evangelistion betrieben, allerdings ohne erkennbaren Erfolg. Die Gemeinde war sehr enttäuscht und jetzt war ich gekommen, um zu helfen.

Christen, die unter einer Wolke der Entmutigung verharren, verlieren ihr Lächeln.

„Mark, hier ist es so schwer wie sonst nirgendwo. Diese Stadt ist eine harte Nuss", informierten sie mich und bekräftigten so mit ihren eigenen Worten die Lüge hinsichtlich ihrer Stadt.

„Prima", antwortete ich, „Gott liebt es, harte Nüsse zu knacken!"

Heutzutage lautet meine Antwort: „Oh ja, ich weiß."

„Woher weißt du das", werde ich dann gefragt.

„Nun, das Gleiche wurde mir bereits dort gesagt, wo ich zuvor war."

Für gewöhnlich herrscht dann betretenes Schweigen!

Ich lehrte einige einfache Prinzipien, die am Samstag während des Kings-Heath-Karnevals, dem Höhepunkt unserer Reise ganz praktisch umgesetzt werden sollten. Der Kings-Heath-Karneval ist eine jährliche öffentliche Veranstaltung, die in einer örtlichen Parkanlage abgehalten wird. Der Karnevalszug zieht durch Kings Heath und schließlich versammelt man sich in der Mitte des Parks. Ringsherum stehen Buden und Stände, wo alles Mögliche gezeigt wird – Hobbys, Schnickschnack, aber auch Vereine und lokale Geschäfte präsentieren sich dort. Hunderte von Menschen warten im Park auf die Ankunft des Karnevalzugs; es ist ein unterhaltsamer Spaß für die ganze Familie.

Bis es soweit ist, schauen sich die Besucher die Stände an. Sie können aber auch eine Fahrt in einem Fahrgeschäft namens „Der Walzer" wagen – in schnell rotierenden Wagen auf einer sich drehenden, welligen Plattform. Wir hatten geplant, dort ebenfalls mit einem Stand präsent zu sein, um mit den Besuchern ins Gespräch zu kommen. Als wir am Samstag in diesem Park eintrafen, mussten wir feststellen, dass ein kleines, aber äußerst wichtiges Detail übersehen worden war. Jemand hatte vergessen, den Stand zu buchen! Inzwischen waren sämtliche verfügbaren Stände vergeben und die Organisatoren würden uns nicht erlauben, einen Stand in der entsprechenden Zone aufzubauen. Uns blieb nur noch die Möglichkeit, unseren Stand außerhalb der Ausstellerzone aufzubauen oder nach Hause zu gehen. Wir befanden uns im Niemandsland. Der Stand, der uns eigentlich als hilfreiches Werkzeug hätte dienen sollen, war für die Menschen, die wir dort drüben erreichen wollten, jetzt eher zu einer Barriere geworden. Ich weiß nicht, ob du jemals entmutigte Christen gesehen hast? Sie entwickeln eine Art Miesepeter-Syndrom. Ich wusste, dass sie das Gefühl hatten, es vermasselt zu haben. Sie wollten nur noch nach Hause gehen. An jenem Tag müssen wir einsam und verloren ausgesehen haben. Wir waren etwa siebzehn Meter vom nächsten Stand entfernt. Das Publikum befand sich auf der anderen Seite. Wie konnten wir erreichen, dass sie zu uns herüberkamen? Abermals spürte ich den vertrauten Eindruck vom Heiligen Geist: „Heil die Kranken!"

Wir bauten unser Soundsystem auf und ich fing an, in hell leuchtenden Farben und in Großbuchstaben auf unser Flipchart zu schreiben: WUNDER UND HEILUNGEN - HIER 14.30 Uhr - JESUS HEILT! Während ich diese Worte schrieb, fing die Person hinter dem nächstgelegenen Stand an, durch Zwischenrufe zu stören. Das war für unseren Gefühlszustand nicht gerade sehr hilfreich. Wir ließen Lobpreismusik laufen und als ich mich umsah, beobachtete ich, wie Besucher auf der anderen Seite so taten, als seien sie nicht interessiert. Aber immerhin würdigten sie uns eines flüchtigen Blickes. Gegen 14.30 Uhr fiel mir auf, dass sich ungewöhnlich viele Menschen an den Ständen aufhielten, die unserem am nächsten waren.

Ich nahm das Mikrofon in die Hand und begann über die Liebe und die Kraft Gottes zu sprechen. Ich forderte all jene auf, nach vorne zu kommen, die Heilung brauchten. Als niemand darauf reagierte, wurde ich spezifischer.

Da ich ja ein Mann des Glaubens war, verkündete ich: „Wenn Sie taub sind, kommen Sie!"

Auch jetzt reagierte niemand. Natürlich kann mich ein Tauber nicht hören, dachte ich mir! Aber irgendjemand hier muss doch ein gesundheitliches Problem haben. Also nannte ich jede Krankheit, die mir einfiel – beginnend mit jenen, von denen ich meinte, sie seien am leichtesten zu heilen und dann weiter mit denen, die ich für schwieriger hielt.

„Kommen Sie nach vorne, wenn Sie Kopfschmerzen haben!" Niemand bewegte sich. Die Menschen hörten zu, reagierten aber nicht. „Haben Sie Schmerzen? Dann kommen Sie nach vorne!" Erneut keine Reaktion, aber das schien mir jetzt nur noch mehr Kühnheit zu verleihen.

„Haben Sie Krebs? Kommen Sie! Sind Sie blind? Kommen Sie! Haben Sie eine unheilbare Krankheit? Kommen Sie! Sind Sie gelähmt? Kommen Sie! Jesus kann Sie heilen!"

Ich nannte jede mir bekannte Krankheit, bis mir schließlich aufgrund meines begrenzten medizinischen Wissens keine spezifischen Krankheitsbilder mehr einfielen. Ich fürchte, möglicherweise sogar einige Krankheitsbilder beschrieben zu haben, die es gar nicht gibt.

Aus dem Augenwinkel sah ich, wie ein Ehepaar eine im Rollstuhl sitzende große Frau auf mich zu schob. In diesem Moment verspürte ich Panik und als ich diesen Menschen den Rücken zuwandte, dachte ich nur noch: „Ich hoffe, sie kommen nicht zu mir. Vielleicht gehen sie einfach an mir vorbei, wenn ich sie ignoriere."

Als sie näherkamen, beschwerte ich mich bei Gott.

„Gott, das ist nicht fair. Bitte schick mir jemanden mit Kopfschmerzen, aber nicht jemanden, der im Rollstuhl sitzt!"

Doch plötzlich standen diese Menschen direkt vor mir. Das Ehepaar mit der Frau im Rollstuhl. Ich wollte im Boden versinken, aber es gab dort noch nicht einmal einen Baum, hinter dem ich mich hätte verstecken können.

„Wir sind Christen und das ist unsere Mutter. Sie ist gelähmt und seit über zwölf Jahren nicht mehr gelaufen, aber wir glauben, dass Gott sie heilen kann. Bitte bete für sie."

Mir rutschte das Herz in die Hose. In Gedanken schrieb ich Gott die Schuld zu, mich in diese Situation gebracht zu haben – aber ich dachte auch: „Zumindest sollte ich jetzt mein bestes Gebet beten!" In dem Moment, als ich meine Hände auf den Kopf der Frau legte, sah ich, dass die Menschen, die zuvor vorgegeben hatten, uns nicht zu beobachten, jetzt in meine Richtung starrten. Ich konnte nahezu hören, wie sie innerlich keuchten: „Hä? Glaubt er wirklich, dass diese Frau aus dem Rollstuhl aufsteht und läuft?"

Ich begann zu beten und lud Gottes Gegenwart ein. Als der Heilige Geist auf dieser Frau ruhte, fing sie an, leicht zu zittern. Das Zittern wurde immer stärker, bis schließlich auch der Rollstuhl bebte. Es war, als ob man den Motor eines alten Autos startet. Plötzlich rief die Frau: „Ich will laufen, ich will laufen!"

„Großartig, steh auf und laufe!", sagte ich.

Einige Teammitglieder gingen zu ihr, um ihr beim Aufstehen zu helfen, aber ich sagte: „Nein! Lasst sie in Ruhe! Wenn Gott sie geheilt hat, wird er auch ihre Beine kräftigen, damit sie aufstehen und laufen kann."

Ich hatte in Gedanken dieses schreckliche Bild, wie das Team sie aufrichtete und verkündete: „Du bist geheilt, du bist geheilt!", während ihre leblosen Beine über das Gras gezogen wurden. Das war das Albtraum-Szenario, das ich unbedingt vermeiden wollte. Entweder hatte Gott diese Frau geheilt oder nicht.

Gottes Kraft floss in die Beine dieser Frau. Sie erhob sich ohne fremde Hilfe aus dem Rollstuhl und lief. Die Menschen bei den Ständen auf der anderen Seite des Weges kamen angerannt und augenblicklich hatten wir eine Zuhörerschaft! „Wie ist das möglich?", fragten sie. Sie beobachteten erstaunt, wie die Frau hin und herging und ihre „neuen" Beine testete.

Eine Frau trat aus der Menschenmenge hervor und verkündete mit lauter Stimme: „Ich habe gehört, was Sie gesagt haben; ich habe gerade gesehen, wie diese Frau geheilt wurde. Ich möchte jetzt Christ werden!"

Bei dieser Frau handelte es sich um die Zwischenruferin von erwähntem nahegelegenen Stand. Solltest du jemals durch Zwischenrufe gestört werden, betrachte die entsprechende Person aus Gottes Perspektive. Wir sehen einen Zwischenrufer, aber Gott sieht einen Evangelisten. Ein Zwischenrufer? Nein, betrachte ihn als einen potenziellen Evangelisten.

Eine meiner Mitstreiterinnen führte diese Frau zu Jesus. Ich nahm das Mikrofon und wies auf Folgendes hin: „Machen Sie sich keine Sorgen, wenn Sie sehen, dass Menschen zu Boden fallen. Es ist das Wirken Gottes. Ich hatte den Eindruck, sie irgendwie vorwarnen zu müssen, weil immer etwas geschah, wenn wir uns daran machten, auf diese Art zu beten. Wir erleben dann, dass Menschen unter der Kraft des Heiligen Geistes zu Boden fallen. Wenn du wissen möchtest, weshalb wir bei unseren HADS-Einsätzen Stühle verwenden – das ist einer der Gründe!

Kaum hatte ich ausgeredet, fiel die Frau, die meine Mitstreiter zu Jesus führten, rücklings auf den Rasen. Es geschah plötzlich und ohne Vorwarnung. Ich war überrascht. Den Menschen, die sich versammelt hatten, stockte der Atem. Niemand hatte die Frau berührt und niemand hatte sie aufgefangen! Als die Frau sich wieder vom Boden erhob, rief sie voller Begeisterung, dass Gott ihr Auge geheilt hatte, auf dem sie seit jeher farbenblind gewesen war. Sowohl in physischer als auch in geistlicher Hinsicht sah sie jetzt buchstäblich nicht mehr in Schwarz-Weiß, sondern in Farbe.

Es herrschte nun eine gewisse Aufregung unter den Versammelten und die Atmosphäre war erfüllt von Gottes elektrisierender Gegenwart. Ein Mann kam nach vorne. Er war geplagt von Arthritis und hatte ständig Schmerzen. „Kann Gott mich heilen?" fragte er voller Hoffnung.

„Ja, das kann er", antwortete ich – mein Glaube war jetzt auf einem Höhenflug. In dem Moment, in dem ich seinen Kopf berührte, fiel er zu Boden. Während er auf dem Rasen lag, konnte man ein Geräusch hören, das sich wie das Knacken von Knochen anhörte. Als er wieder aufstand, weinte er. Er war vollständig geheilt. Nun kam seine Schwägerin zu mir. Sie weinte ebenfalls und sagte: „Ich habe das gleiche Problem wie mein Schwager." Auch sie fiel zu Boden und war vollständig geheilt, als sie wieder auf die Beine kam. Jetzt drängte die Menschenmenge auf mich ein, denn viele wollten nun für sich beten lassen. Ich konnte keines unserer Teammitglieder sehen.

„Christen, wo seid ihr?"

Hast du jemals einen ermutigten Christen gesehen? Plötzlich waren überall in der Menschenmenge strahlende und breit grinsende Gesichter zu sehen.

„Betet jetzt für all jene, die Heilung brauchen und erzählt ihnen von Jesus", forderte ich sie auf.

Falls du es noch nicht wusstest, Gott hat Sinn für Humor. Weil die Menschenmenge zu uns herübergeströmt und es beim „Walzer" ziemlich ruhig geworden war, glaubte der für dieses Fahrgeschäft zuständige Mann, mit uns in einem Wettstreit liegen. Um Aufmerksamkeit zu erregen, beschloss er, die Musik lauter zu drehen. Ich werde nie vergessen, welcher Song gespielt wurde, als das Team anfing, für die Menschen zu beten. Das Stück war von Queen: „Wieder beißt einer ins Gras, wieder beißt einer ins Gras und wieder ist einer fort und wieder ist einer fort – wieder beißt einer ins Gras. Hey, dich kriege ich auch – wieder beißt einer ins Gras" (frei übersetzt nach dem englischen Originaltitel von Queen: Another one bites the dust). Überall im Park fielen zum Rhythmus der Musik Menschen zu Boden. An jenem Tag wurden viele geheilt und öffneten ihr Herz für Jesus.

Aus einer weltlichen Perspektive betrachtet sind wir vielleicht der Meinung, dass Kopfschmerzen leichter zu heilen wären als ein Gehirntumor. Der jeweilige Schwierigkeitsgrad geht uns durch den Kopf und wir haben eine Art Heilungsskala entwickelt. Was ist mit Erkrankungen wie Schizophrenie oder einer unheilbaren Krankheit wie Diabetes? Ich bin immer wieder erstaunt, wie viele Menschen auf unseren HADS-Trainingsseminaren während der Frage-und-Antwort-Zeit folgende Frage stellen: „Hast du erlebt, dass diese oder jene bestimmte Krankheit geheilt wurde?"

Was sie damit tatsächlich sagen ist: „Das ist mein „Berg". Ich habe noch nie erlebt, dass er sich durch Gebet bewegt hat." Sie empfinden das Problem als unlösbar, sodass es ganz am Ende ihrer Heilungsskala steht. Aber das entspricht nicht Gottes Sichtweise.

Wir neigen dazu, uns auf die jeweilige Krankheit zu konzentrieren und diese gemäß eines bestimmten Schwierigkeitsgrads einzuordnen. Auf einer Skala von „leicht zu heilen" bis „schwierig, wenn nicht gar unmöglich" beten wir eher für Menschen, deren gesundheitliches Problem wir als leicht einstufen. Wir versuchen, die Kategorie „schwierig, wenn nicht gar unmöglich" zu vermeiden. Und wir haben noch nicht einmal darüber gesprochen, Tote aufzuerwecken!

Stattdessen sollten wir uns auf Jesus und seinen allumfassenden Sieg über jede Krankheit und jedes Gebrechen konzentrieren. Wir müssen unsere Sichtweise jetzt radikal ändern. Am Kreuz wurde mit jeder Krankheit und jedem Gebrechen gehandelt, mit dem wir je zu tun haben könnten – sogar der Tod wurde hier besiegt. Aus der Perspektive des Kreuzes existiert keine Skala oder Einstufung. Mit jeder der Menschheit bekannten Krankheit wurde gehandelt und all diese Krankheiten befinden sich jetzt unter den Füßen Jesu.

Fürwahr, er hat unsere Krankheit getragen und unsere Schmerzen auf sich geladen ...

Jesaja 53, 4 (Schlachter)

Jesajas Prophetie wurde siebenhundertundfünfzig Jahre später erfüllt, als Jesus, das Lamm Gottes, ans Kreuz genagelt und ein für alle Mal das vollkommne Opfer wurde. Fürwahr bedeutet ohne Zweifel.

Jesus stellte die Frage: *„Denn was ist leichter zu sagen: Deine Sünden sind vergeben, oder zu sagen: Steh auf und geh umher?"* (Mt. 9, 5). Keines von beiden und es ist letztendlich auch egal. Jesus hat schließlich alle Autorität – alle Autorität!

Obwohl wir wissen und glauben, dass Gott die Kraft hat, um zu heilen, haben wir weder alle Antworten noch garantieren wir Heilung. Da wir Gott alle Ehre geben wollen, nehmen wir grundsätzlich keinen Spenden an, wenn wir auf der Straße sind. Vielmehr ermutigen wir die Menschen, uns zu informieren, wenn sie geheilt wurden und sowohl ihrer Familie als auch ihren Freunden zu erzählen, was Gott für sie getan hat. Falls diese auch Heilung brauchen, raten wir ihnen, sie ebenfalls zum Gebet herzubringen.

Unabhängig davon, ob Menschen geheilt werden oder nicht, ihnen die Liebe Gottes zu zeigen, macht den Unterschied. Wir haben noch nie erlebt, dass jemand wütend zurückgekehrt ist, wenn er nicht geheilt wurde. Ganz im Gegenteil, es hat diese Menschen wirklich berührt, dass es eine Gruppe gibt, die sich aufrichtig um sie kümmert. Und selbst wenn sie nicht körperlich geheilt wurden, bezeugen sie, dass Gott in ihrem Leben etwas bewirkt hat. Sie haben Gottes Liebe erfahren und das ist es, was am Ende des Tages wirklich zählt.

Für einen Christen gibt es immer Hoffnung und der Glaube an Jesus ist nicht nur für dieses Leben relevant. Da Jesus von den Toten auferweckt wurde, kann ein Gläubiger sich des ewigen Lebens sicher sein und wissen, dass eines Tages aller Schmerz, sämtliche Leiden, alle Tränen und sogar der Tod selbst für immer ausgelöscht werden.

12

EINE ATMOSPHÄRE DER HEILUNG SCHAFFEN

Ich konnte nicht verstehen, warum manche Menschen geheilt wurden und andere nicht. Aber wenn ich meine eigene Reise betrachte, angefangen von der ersten Zeit in einer Pfingstgemeinde bis hin zur Vineyard-Bewegung, habe ich hinsichtlich meiner Erkenntnis, wie Heilung geschieht, Fortschritte gemacht. Das war für die Entwicklung des HADS-Konzepts insofern prägend, dass dadurch eine Atmosphäre geschaffen wird, in der sowohl Laien als auch gewöhnliche Gläubige bei möglichst vielen Menschen Heilungen erleben können.

In der Schrift sehe ich, dass Jesus jede Krankheit auf sich nahm und litt, damit wir nicht leiden müssen. In Jesaja 53,4-5 (Schlachter) heißt es:

Fürwahr, er hat unsere Krankheit getragen und unse-
re Schmerzen auf sich geladen; wir aber hielten ihn für
bestraft, von Gott geschlagen und niedergebeugt. Doch
er wurde um unserer Übertretungen willen durchbohrt,
wegen unserer Missetaten zerschlagen; die Strafe lag auf
ihm, damit wir Frieden hätten, und durch seine Wun-
den sind wir geheilt worden.

Wie bereits erwähnt, bedeutet das Wort fürwahr hier
ohne Zweifel. Die Schrift versichert uns, dass Jesus nicht
nur für unsere Sünden, sondern auch für jede Krankheit
und jedes Gebrechen starb, denn er starb für jede Krankheit, die der Menschheit bekannt ist. Dennoch gibt es das
Dilemma, dass unsere Erfahrung zeigt, dass nicht jeder geheilt wird. Das hat damit zu tun, dass das Reich Gottes bereits jetzt da ist, aber auch noch kommen wird.

Wenn wir in der Bibel lesen, stellen wir fest, dass Jesus und die Jünger bisweilen alle Kranken heilten. Ohne
Wenn und Aber. Alle wurden geheilt. Das schließt sowohl
die Menschen mit ein, deren Leben total verkorkst war als
auch jene, die anderen Göttern folgten. Als Jesus die Volksmengen heilte, behandelte er alle gleich.

In Matthäus 8, 16–17 (Schlachter) heißt es:

Als es aber Abend geworden war, brachten sie viele
Besessene zu ihm, und er trieb die Geister aus mit ei-
nem Wort und heilte alle Kranken, damit erfüllt würde,
was durch den Propheten Jesaja gesagt ist, der spricht:
»Er hat unsere Gebrechen weggenommen und unsere
Krankheiten getragen.«

Später lesen wir in Matthäus 12, 15 (NGÜ; Hervorhebung hinzugefügt):

„Scharen von Menschen folgten ihm, und er heilte alle Kranken."

Und wiederum heißt es in Matthäus 14, 35-36 (NGÜ; Hervorhebung hinzugefügt):

... Daraufhin brachte man alle Kranken zu ihm und bat ihn, er möge sie doch wenigstens den Saum seines Gewandes berühren lassen. Und alle, die ihn berührten, wurden geheilt.

Bei vielen Gelegenheiten wurden alle geheilt. Doch wir sehen auch, wie es Jesus in seiner Heimatstadt erging:

„Und er konnte dort kein Wunderwerk tun, außer dass er wenigen Schwachen die Hände auflegte und sie heilte. Und er wunderte sich über ihren Unglauben ... " (Mk. 6, 5-6).

Es wirkt fast so, als ob Jesus unbedingt heilen wollte, aber es wegen ihres Unglaubens nicht konnte.

Oftmals wurden Menschen durch die Worte anderer verletzt, wenn sie nicht geheilt wurden. Ihnen wurde dann beispielsweise gesagt, dass sie einfach nicht genug Glauben hätten und so legte man die Verantwortung auf sie. In der Schrift sehe ich aber, dass manche Regionen so sehr von Skepsis und Unglauben erfüllt sind, dass eine Atmosphäre geschaffen wird, in der Gott nicht wirken kann, denn letztendlich benötigt er Menschen, die glauben. Manche haben es mit der Glaubenslehre übertrieben, aber es führt kein Weg an der Tatsache vorbei, dass Jesus die Notwendigkeit von Glauben betonte.

Jesus sagte zu der blutflüssigen Frau: *„Sei guten Mutes, Tochter! Dein Glaube hat dich geheilt"* (Mt. 9, 22). Und im Hinblick auf den Glauben der Freunde des Gelähmten heißt es: *„Und als Jesus ihren Glauben sah, sprach er zu dem Gelähmten: Sei getrost, mein Sohn, deine Sünden sind dir vergeben!"* (Mt. 9, 2; Schlachter).

Bei irgendjemandem muss Glauben vorhanden sein – sei es bei der Person, die Heilung braucht oder bei deren Familie oder Freunden. Meine primäre Gabe ist die des Glaubens. Der Prozess, Glauben für Heilung zu entwickeln, begann unmittelbar nach meiner Bekehrung – dieser Glaube war nicht über Nacht da, es war ein Entwicklungsprozess. Mein Glaube und mein Verlangen, Menschen geheilt zu sehen, wurde durch das Lesen der Bibel und dem Wunsch befeuert, wie Jesus zu sein.

Nachdem ich die Schrift studiert und in Lukas 5, 17 gelesen hatte, *„und des Herrn Kraft war da, damit er heilte"*, kam ich zu dem Schluss, dass ein mit seiner Gegenwart und Kraft erfülltes Umfeld sowie Menschen, die Glauben haben und ihr Vertrauen auf ihn setzen, erforderlich sind.

Jesus sagt: *„… das Reich Gottes ist inwendig in euch"* (Lk. 17, 21; Luther 1912). Ich verstehe das so, dass wir seine Königsherrschaft in jedes Umfeld bringen sollen. Wir sollen das zurückerobern, was uns gestohlen wurde und die Herrschaft des Reiches Gottes auf die Erde bringen: *„Dein Reich komme. Dein Wille geschehe, wie im Himmel, so auch auf Erden"* (Mt. 6, 10; Schlachter).

Wir sind beauftragt, eine Atmosphäre zu schaffen, wo der Himmel auf Erden gegenwärtig ist und alles Mögliche geschehen kann.

Ich bin davon überzeugt, Jesus hätte die Situation in seiner Heimatstadt vollkommen verändert, hätte er die Zeit gehabt, sich dort länger aufzuhalten. Die Atmosphäre hätte sich nach und nach verändert, denn er spricht vom Reich Gottes als Licht, Sauerteig und Salz. Du kannst an einem bestimmten Ort nicht Licht, Sauerteig und Salz sein, ohne dass dein gesamtes Umfeld beeinflusst wird.

Wenn wir unsere HADS-Einsätze durchführen, sind wir uns darüber im Klaren, dass wir ein königliches Priestertum und Träger seiner Gegenwart sind. Der Heilige Geist wohnt in uns und es obliegt uns, die Atmosphäre des Himmels überall hinzutragen. Wo auch immer die Gegenwart Gottes hingelangt, werden die Kraft, die Autorität und die Herrschaft seines Reiches dieser Welt ihren Stempel aufdrücken. Die Manifestation von Gottes Gegenwart ist ein Zeichen, dass Gott lebt und unter seinem Volk wohnt. Seine erfahrbare Gegenwart verändert alles. Wir wecken Menschen für die Realität Gottes durch seinen Geist.

Zur Zeit des Alten Testaments waren die Leviten die Priester, die die Bundeslade trugen. Sie war das Instrument, durch das Gott seine Gegenwart auf Erden manifestierte. Wir sind wie die Leviten in Josua Kapitel 3, die in den Hochwasser führenden Jordan gingen, um den Israeliten zu ermöglichen, ihn trockenen Fußes zu durchqueren und so in sämtliche Verheißungen Gottes einzutreten.

Dass das Wasser zurückging und weit entfernt einen Damm bildete, war ein Zeichen und ein Wunder. Jeder im Umkreis von Kilometern konnte sehen, dass Gottes Volk eingetroffen war. Ebenso wie die Leviten buchstäblich in „das Unmögliche" traten, müssen wir mit mutigem Glauben in diese Welt hinausziehen, um die Menschen außerhalb des Reiches Gottes mit Gottes Liebe und Kraft in Berührung zu bringen und Jesus begegnen.

Unser Banner kündet von Heilung, und wir stehen auf der Straße und setzen alles frei, was Gott uns gegeben hat. Dabei sind wir uns unserer Identität bewusst. Wir sind Tempel des Heiligen Geistes, der in uns wohnt, und aus unserm Innersten fließen Ströme lebendigen Wassers. Wir sind ein Wohlgeruch Christi, wohin wir auch gehen. Wir sind ein Geruch des Lebens denen, die errettet werden und ein Geruch des Todes denen, die verloren gehen (siehe 2. Kor. 2, 16). Jedenfalls sollten wir erleben, dass Menschen uns entweder zuströmen oder vor uns fliehen.

Wir sind Christi Botschafter und wir repräsentieren sein Reich. Folglich ist jeder Fleck, auf dem wir stehen, der Ort, an dem wir ihn repräsentieren. Wo immer wir stehen, wird das Reich Gottes offenbart. Wenn wir uns dieser Wahrheit bewusst sind, wird das Reich Gottes freigesetzt. Seine Gegenwart wird offenbar, wenn wir erkennen, wer wir sind und was uns durch ihn geschenkt wurde.

Wir müssen noch nicht einmal etwas sagen – allein aufgrund des Wissens, wer in uns lebt und wen wir repräsentieren sowie der Tatsache, dass wir mit ihm in der Himmelswelt sitzen, muss sich alles um uns herum verändern. Wenn wir uns dieser Dinge bewusst sind, wird sich unser

Umfeld verändern, sodass Menschen dem König begegnen und sein Reich erfahren – sie werden dann schmecken und sehen können, dass Gott gut ist. Wenn Menschen in so einer Atmosphäre Gott begegnen, kann alles Mögliche geschehen – Heilung, Befreiung und Errettung.

Mit meiner Bekehrung trat ich in die Gegenwart Gottes ein. Wie in Psalm 139 so wunderbar beschrieben wird, kann man seiner Gegenwart nicht entkommen. Deshalb spielt es für mich auch keine Rolle, ob Menschen auf den Stühlen Platz nehmen oder nicht. Bei HADS geht es nicht darum, dass sich möglichst viele Menschen auf die aufgestellten Stühle setzen, sodass wir sagen können: „Wir haben heute für so und so viele Menschen gebetet." Vielmehr geht es darum, die Atmosphäre in deiner Stadt zu verändern, indem man auf die Straße geht und Jesus, den König repräsentiert, sowie alles freisetzt, was man während der Woche empfangen hat.

Unsere Vorbereitung besteht in unserer Beziehung zu Gott, unserer Vertrautheit mit ihm und darin, aus der tiefen Quelle zu schöpfen, um eine Oase zu schaffen, damit vorbeigehende, durstige Menschen sich angezogen fühlen. Wenn Menschen geistlichen Hunger und Durst haben und sich dort, wo du bist, lebendiges Wasser findet, werden sie sich zu dir hingezogen fühlen.

Ich glaube, dass HADS ein Glaubensumfeld kreiert, in der die Gemeinde sozusagen sichtbar wird und Menschen etwas sehen können, was sie so bisher nicht kannten. Schlicht aufgrund der Tatsache, dass sie an uns vorbeigehen, werden sie die Gegenwart Gottes erleben.

An einem Samstag während eines Stadtbummels sah die Arbeitskollegin einer Mitarbeiterin unseres Teams, wie diese für die Kranken betete. Am darauffolgenden Montag fing sie an, ihr auf der Arbeit Fragen zu stellen:

„Ich habe dich am Samstag gesehen, wie du mit einer Gruppe von Menschen vor dem Rathaus gebetet hast. Ich musste einfach stehen bleiben und zusehen. Ich spürte diese starke Gegenwart und wurde sehr emotional. Ich wich soweit zurück wie ich konnte, bis ich mit dem Rücken an der Wand des Bankgebäudes stand. Ich konnte immer noch diese Gegenwart spüren. Sag mir, war das Gott?"

Wenn wir auf die Straße gehen, geht die Gegenwart Gottes mit uns. Wir sind dann sozusagen eine Gemeinde ohne Mauern, sodass die Menschen Gott erfahren können, die normalerweise kein Gemeindegebäude betreten würden. Sie müssen nicht auf einem Stuhl Platz nehmen und für sich beten lassen, um ihm zu begegnen. Sie können Gottes Gegenwart und seine Heilungskraft erleben, wenn sie an uns vorbeigehen.

Wir werden erleben, dass in so einer Atmosphäre mehr und mehr Heilungen geschehen werden – in körperlicher, in seelischer und auch in geistlicher Hinsicht –, denn *„wo der Geist des Herrn ist, da ist Freiheit"* (2. Kor 3, 17; Schlachter). Es gibt Zeiten, in denen sich der Himmel auf erstaunliche Weise auf Erden zeigt – und das ist die Gnade Gottes.

Gleichwohl ist es erforderlich, die Kosten zu überschlagen, bevor du in deiner Region mit HADS anfängst. Ein

Dienst wie dieser ist ein langfristiges Projekt. Es erfordert Hingabe, Durchhaltevermögen und große Entschlossenheit.

Der Prophet Jesaja sagt:

> *Aber der Herr, HERR, hilft mir. Darum bin ich nicht zuschanden geworden, darum habe ich mein Gesicht hart wie Kieselstein gemacht. Ich habe erkannt, dass ich nicht beschämt werde.* Jesaja 50, 7

Wenn du dein Gesicht hart wie Kieselstein machst und Glauben hast, dass Gott dir hilft, werden sämtliche Ablenkungen und Enttäuschungen, die der Feind initiiert, um dich vom Kurs zu abzubringen, erfolglos bleiben. Es wird ruhige Zeiten und es wird geschäftige Zeiten geben, aber du kannst sicher sein, dass Gott immer irgendetwas tut. Lange, nachdem du eure Ausrüstung zusammengepackt und den Einsatzort verlassen hast, ist er weiterhin unsichtbar am Werk. Der Einfluss, den du in deiner Region und darüber hinaus hast, ist enorm. Du bist in der Tat die Antwort auf die Gebete jener, die einen Gott um Hilfe anflehen, den sie noch nicht kennen.

13

DIE HEILIGEN ZURÜSTEN

Woche für Woche erlebten wir, wie Gott bei unseren Straßeneinsätzen die erstaunlichsten Dinge tat. Wir realisierten so langsam, dass hier etwas Bedeutungsvolles geschah und wo das möglicherweise noch hinführen würde. Ein Mann, der auf erstaunliche Weise geheilt wurde, war Hugh aus Strabane. 2005 war bei Hugh Prostratakrebs diagnostiziert worden. Er hatte starke Schmerzen. Nachdem im Krankenhaus alle Untersuchungen durchgeführt worden waren, sagte man ihm, dass es sich um Krebs im Endstadium handelte. Aber seine Freunde hatten ihm von „Gottes Arbeitern" auf den Straßen Coleraines erzählt und so geschah es, dass er eines Samstags im März 2008 zu uns kam, um für sich beten zu lassen. Als die Teammitglieder ihm die Hände auflegten und für ihn beteten, erlebte er, dass Wärme in seinen Körper floss. Er spürte, dass er von Krebs befreit worden war.

Ein paar Monate später wurde er erneut bei seinem Arzt vorstellig. Da dieser glaubte, dass sich Hughs Zustand in diesem Stadium erheblich verschlechtert hatte und weil er möglichst schnell Gewissheit haben wollte, überwies er ihn in das Krankenhaus in Omagh. Die dortigen Fachärzte führten die üblichen Untersuchungen durch, und als Hugh sah, dass sie geschlagene zehn Minuten sorgsam auf dem Bildschirm die Ergebnisse begutachteten, befürchtete er das Schlimmste. Doch als sie sich ihm zuwandten, sagten sie ihm, dass sie keinerlei Anzeichen für eine Krebserkrankung finden konnten!

Hugh kam erneut zu uns, um uns zu berichten, was geschehen war. Und da er auch Schmerzen im Arm hatte, wollte er auch deswegen für sich beten lassen, um auch davon geheilt zu werden. Die Teammitglieder legten ihre Hände auf seinen Arm. Abermals spürte er, dass Gott sämtliche Schmerzen von ihm nahm. Er hatte seit 53 Jahren als Milchmann gearbeitet und war kaum noch in der Lage, einen Laster zu fahren, da er zum Schalten statt der rechten die linke Hand benutzen musste. Er bezeugte, dass er am nächsten Tag mit der rechten Hand „wahre Wunder" vollbringen konnte und keine Schmerzen mehr hatte.

Als er zurückkehrte, um uns diese gute Nachricht zu mitzuteilen, fragte er das Team: „Könnt ihr auch Menschen vom Rauchen losbekommen?" Er hatte viel Geld ausgegeben, um mit dem Rauchen aufzuhören. Später erzählte er uns, dass er nie wieder an Zigaretten gedacht oder danach verlangt hatte, nachdem an jenem Samstag für ihn gebetet worden war.

Mittlerweile erlebten wir auch, dass viele Menschen zum Glauben kamen und die Neuigkeit von dem, was in unserer Stadt geschah, machte die Runde. Hughs Geschichte und die Heilung der Frau aus Cavan, die zuvor im Rollstuhl gesessen hatte, zogen die Menschen in ihren Bann. Diese Geschehnisse weckten das Interesse der Menschen.

Als andere Gemeindeleiter hörten, was in Coleraine geschah, kamen sie zu Besuch, um sich selbst ein Bild davon zu machen, was Gott bei den Straßeneinsätzen tat. Einer dieser Leiter war David McClay, ein Pfarrer der *Church of Ireland*, im Stadtzentrum Belfasts. Seit vier Jahren war er der Pastor der Willowfield-Gemeinde. Er hatte alle möglichen Evangelisationsmethoden angewendet, um Kontakt zu den Menschen zu finden, die keine Gemeinde besuchten.

Während der gesamten Zeit veränderten ihre Einsätze sowohl die Atmosphäre in der Stadt als auch die Sichtweise der Menschen hinsichtlich der Gemeinde und die Christen betreffend. Aber David war frustriert, dass nur wenige Menschen geheilt wurden oder zum Glauben an Christus kamen. Er sehnte sich danach, dass Gott sich in Belfast in Kraft erwies. Ferner hatte er den Wunsch, dass die Mitglieder seiner Gemeinde auch außerhalb des Gemeindegebäudes alle Gaben des Geistes praktizierten.

Nachdem er das HADS-Konzept in Aktion gesehen hatte, lud David mich in die Willowfield-Gemeinde ein, um ein Team für HADS-Einsätze auf den Straßen Belfasts auszubilden. Das Wunderbare an dem HADS-Konzept ist, dass es reproduzierbar, übertragbar und schnell umsetzbar ist. Davids Gemeinde verstand das HADS-Konzept auf Anhieb und wandte es an, um die Menschen in der Region zu erreichen. Die Einsätze zeigten prompt ermutigende Ergebnisse.

Jeden Samstagvormittag kamen Menschen, um für sich beten zu lassen und David erlebte jetzt wesentlich häufiger, dass Menschen geheilt wurden und zum Glauben kamen. Als David das New-Wine-Netzwerk von Gemeinden in Irland leitete und von den Einsatz-Erfahrungen berichtete, fragten viele nach dem HADS-Konzept und wie sie darin geschult werden konnten.

Da das Interesse rapide zunahm, nahm ich zusammen mit David für die New Wine „Leadership for Life" Serie eine Lehreinheit auf, die das Konzept erklärt und entsprechende Zeugnisse enhält. Diese Lehreinheit ging an sämtliche Gemeinden des New-Wine-Netzwerks, was dazu führte, dass das HADS-Konzept nicht länger ausschließlich regional, sondern auch überkonfessionell Wellen schlug, denn der Wirkungsbereich des New-Wine-Netzwerks schließt auch Baptisten, Anglikaner und andere Gemeindebewegungen mit ein.

In den darauffolgenden Monaten war ich aufgrund der eingegangenen Einladungen überall im Vereinigten Königreich unterwegs, um Gemeindeteams auszubilden. Als der Dienst wuchs, wurde auch mein Terminplan zunehmend enger und es kam häufig vor, dass Gemeinden mehrere Monate warten mussten, ehe dort eine Schulung durchgeführt werden konnte. An den meisten Wochenenden war ich nicht zuhause. Wenngleich es mir nicht an Energie mangelte und Linda und die Jungs mich sehr unterstützten, realisierte ich, dass es nicht leicht für sie war. Es war unerlässlich, einen Weg zu finden, andere auszubilden, ohne dass ich selbst oder meine Familie dabei auf der Strecke blieben.

Obwohl HADS als Dienst in einer lokalen Gemeinde begann, signalisierte das exponentielle Wachstum, dass Gott etwas weitaus Größeres vorhatte, als dieses Konzept auf einen Ort oder eine Denomination zu begrenzen. Die New-Wine-Gemeinden hatten HADS sehr gut angenommen, aber als im Mai 2008 auf einer New-Wine-Konferenz in Harrogate eine Heilung geschah, wurden auch die traditionellen Denominationen verstärkt darauf aufmerksam.

Frances Finns linkes Bein war fast vier Zentimeter kürzer als ihr rechtes. Sie war die Moderatorin einer Vormittagssendung von BBC-Radio-Nottingham und als ich für sie betete, wuchs ihr linkes Bein, bis beide Beine gleich lang waren. Jemand filmte das mit seinem Handy und postete es auf YouTube.

Später sprach Frances in ihrer Radiosendung über ihre Heilung, was zur Folge hatte, dass jetzt auch Methodistengemeinden, Gemeinden der Katholischen und der Vereinigten Reformierten Kirche sowie Gemeinden, die lehrmäßig gar nicht an Heilung glaubten, anfingen, Interesse zu zeigen!

Etwa zu dieser Zeit erschienen auch einige Artikel in christlichen Zeitschriften, in denen HADS mit Einheit unter den Gemeinden und Erweckung in Verbindung gebracht wurde. Natürlich war es interessant zu sehen, dass so viele Gemeinden unterschiedlicher Strömungen zusammenarbeiteten, aber am meisten begeisterte mich, dass immer mehr Christen auf der Straße waren, um ihren Glauben weiterzugeben und für Heilung zu beten, sowie Jesus in Städten und Ortschaften überall im Land bekannt zu machen. Das ist das Hauptanliegen von HADS – die Gemeinden mittels des Instruments Heilung zu mobilisieren, nicht in ihren vier Wänden zu verharren, sondern auf die Straße zu gehen.

Bis zu diesem Zeitpunkt wurden die meisten HADS-Aktivitäten von der Causeway-Coast-Vineyard-Gemeinde koordiniert. Es war unser Wunsch, aber auch unser Eindruck, dass wir die Expansion von HADS weiterhin vorantreiben und örtliche Gemeinden zurüsten sollten, um außerhalb von Gemeindegebäuden mit den Menschen der jeweiligen Region in Kontakt zu kommen. Aber es war äußerst ungünstig, dass viele Gemeinden inzwischen monatelang auf einen Termin für ein Schulungsseminar warten mussten. Anfangs versuchten wir, dieses Problem zu lösen, indem wir mehr Lehrmaterial (CDs und DVDs) produzierten und dieses den interessierten Gemeinden unentgeltlich zur Verfügung stellten, die danach fragten.

Doch je mehr Schulungsmaterial wir zur Verfügung stellten, desto mehr stieg die Nachfrage, Gemeinden bei der Einführung von HADS zu unterstützen. Immer, wenn ich irgendwo eine Schulung durchführte, stieg die Nachfrage nach weiteren Schulungen, denn häufig waren an den Schulungswochenenden Vertreter aus verschiedenen Gemeinden anwesend. Wenn diese das Konzept dann sowohl in der Theorie als auch in der Praxis erlebt hatten, brachten sie zum Ausdruck, solche Schulungen auch in ihren Gemeinden durchführen zu wollen.

Woche für Woche nahmen Gemeinden und Gemeindeleiter sowohl aus dem Vereinigten Königreich als auch aus anderen Ländern Kontakt mit uns auf, weil sie wissen wollten, wie sie ihre Gemeindemitglieder mobilisieren könnten, um auf die Straße zu gehen. Somit arbeiteten im Jahr 2010 siebenhundert Gemeinden in siebzehn Ländern mit dem HADS-Konzept. Es war offensichtlich, dass für die Zukunft von HADS die Aufgaben dezentralisiert werden mussten, aber die Herausforderung bestand vor allem darin, diese Expansion zu fördern und gleichzeitig dafür zu sorgen, dass das Konzept nicht verwässert wurde.

Indem wir Gemeinden Schulungsmaterial zur Verfügung stellten, ließ sich das volle Potenzial des HADS-Konzepts allerdings insofern nicht voll ausschöpfen, dass mithilfe von CDs und DVDs das Konzept lediglich erklärt, aber nicht demonstriert werden konnte. Zwar kann das Konzept relativ leicht kopiert werden, aber es bleibt solange ein „Gerüst", bis es mit derselben Leidenschaft und Perspektive erfüllt wird, die das Original hervorgebracht hat. Einige Dinge erhält man eher dadurch, dass man sie empfängt, als das man sie gelehrt bekommt. Die Aspekte von HADS, die man nicht durch das Lesen eines Handbuchs empfängt, erlebt man am besten unmittelbar durch jene, die die Gegenwart Gottes und seine Autorität tragen und diese Salbung anderen zuteilen können.

Das Ziel der Causeway-Coast-Vineyard-Gemeinde bestand immer darin, der örtlichen Gemeinde zu dienen und diese auszurüsten, ihren missionarischen Auftrag zu erfüllen. Deshalb war es für uns überaus wichtig, aus den Ortsgemeinden so viele Menschen wie möglich auszubilden. Aus diesem Grund führte die Causeway-Coast-Vineyard-Gemeinde 2010 eine Reihe von Konferenzen durch, die wir „Die Gemeinde hat das Gebäude verlassen" nannten. Wir richteten diese Konferenzen in verschiedenen Städten überall im Vereinigten Königreich aus, um Gemeindegruppen möglichst zeitgleich zu schulen. Gleichzeitig gaben wir Gemeinden die Möglichkeit, das Ethos von HADS an gut erreichbaren Veranstaltungsorten und zu einem erschwinglichen Preis kennenzulernen.

Neben dieser Schulungsinitiative und der Erkenntnis, die Leiterschaft von HADS weiterentwickeln zu müssen, begannen wir, auf regionaler Ebene verantwortliche Leiter für HADS einzusetzen. Dabei handelte es sich um Menschen, die ihrer jeweiligen Ortsgemeinde unterstanden und als vertrauenswürdig galten, um die Richtung, die Vision und den Einfluss von HADS treu zu verwalten. Darüber hinaus sollten sie dafür sorgen, dass die Identität des Konzepts gewahrt und die Umsetzung von HADS auch in weiteren Gemeinden vorangetrieben wird. Diese regionalen HOTSpots (Wortspiel: im Englischen steht HOTS für die Anfangsbuchstaben von Healing on the Streets; Anmerkung des Übersetzers), wie wir sie nannten, würden uns außerdem ermöglichen, besser auf Anfragen aus anderen Regionen im Vereinigten Königreich und aus anderen Ländern reagieren zu können.

Als wir die Schulungsangebote und die Leiterschaftsstrukturen überdachten, mussten wir uns auch über die Infrastruktur Gedanken machen, denn bis zu diesem Zeitpunkt hatten wir die Gemeinden, die HADS einführen wollten, unentgeltlich mit unseren Ressourcen und Angeboten versorgt. Die Kosten wurden bis dato vollständig von der Causeway-Coast-Vineyard-Gemeinde getragen (2010 schätzten wir die jährlichen Kosten auf ungefähr 65.0000 Pfund) und ein Viertel der Gemeindemitarbeiter war damit beschäftigt, anderen Gemeinden hinsichtlich der Einführung von HADS zu helfen und das Konzept entsprechend deren individueller Situation zu bearbeiten.

Wir trafen die Entscheidung, HADS-Partnerschaften einzuführen, von denen Partnergemeinden in vielerlei Hinsicht profitieren würden. Sie würden unentgeltlich Schulungs-CDs und -DVDs, Rundbriefe sowie Schulungsmaterial, Vorlagen und Musterbriefe zum Herunterladen erhalten. Darüber hinaus bekämen sie Ermäßigungen auf Banner und einige weitere Vergünstigungen. Und natürlich bestand die Möglichkeit zur Vernetzung und Zusammenarbeit mit anderen Gemeinden, um sich gegenseitig zu unterstützen und Erfahrungen auszutauschen.

Als HADS weiterhin auch in neue Regionen und Länder expandierte, sah sich die Causeway-Coast-Vineyard-Gemeinde mit verschiedenen Herausforderungen konfrontiert. Wie sollten dieses Wachstum und die weitere Entwicklung des Dienstes finanziert werden? Wie konnte man die Partner unterstützen? Wie konnte man sicherstellen, dass hinsichtlich der Integrität des Konzepts keine Kompromisse gemacht würden? Außerdem sah ich mich persönlich mit der Herausforderung seitens des Herrn konfrontiert, mich mehr und mehr in den Bereich des Unmöglichen vorzuwagen und für Krankheiten zu beten, bei denen ich noch niemals zuvor eine Heilung erlebt hatte.

Wenn ich Gemeinden besuche, gehen die Schulungseinheiten normalerweise von Freitagabend bis Samstagvormittag. Um das Konzept auch zu demonstrieren, bete ich gegen Ende der Schulung für eine oder zwei Personen. Ich bete häufig dafür, dass zu kurze Beine herauswachsen. Also fordere ich Menschen mit diesem Problem oder jene auf, die Rücken- oder Beinbeschwerden haben, nach vorne zu kommen und auf einem Stuhl Platz zu nehmen.

Ich tue das, weil die Heilung in diesen Fällen besonders gut zu erkennen ist. So gelangen Menschen ganz schnell entweder in eine Position des Glaubens oder des Unglaubens. Wenn jemandes Bein herauswächst, wird der Glaube von Menschen in der Weise beschleunigt, dass offenbar wird, was in ihrem Herzen ist. Manchmal brauchen wir die Herausforderung, mit eigenen Augen etwas wirklich Atemberaubendes zu sehen.

Als ich einmal in Watford war, kam eine Frau nach vorne und nahm auf einem Stuhl platz. Ich demonstrierte das HADS-Konzept, indem ich für diese Frau betete. Ihr Bein wuchs heraus. Anschließend fragte ich, ob jemand mit einem ähnlichen Problem ebenfalls für sich beten lassen wollte. Es kam noch eine Frau nach vorne. Ihr Name war Heather und sie erklärte, dass sich ihr Fuß beim Laufen immer nach innen drehte. Zwei Wochen zuvor hatte ihr Arzt festgestellt, dass dieses Problem darauf zurückzuführen war, dass ihre Beine nicht gleich lang waren. Sie setzte sich auf den Stuhl und ich forderte die Frau auf, die gerade geheilt worden war, für sie zu beten. Heathers Bein wuchs heraus. Als sie ihr Bein überprüfte, stellte sie fest, dass sie perfekt gehen konnte und sich ihr Fuß nicht mehr nach innen drehte!

Kurze Zeit später bekam ich eine E-Mail, in der ich über den Rest der Geschichte informiert wurde. Heather glaubte, dass Gott sie geheilt hatte, aber sie wollte deswegen hundertprozentige Gewissheit. Also ging sie zu ihrem Arzt, um sich untersuchen und ihre Heilung bestätigen zu lassen. Sie fragte sich, wie sie ihrem Arzt erklären sollte, was geschehen war, falls dieser der Ansicht sei, sie hätte den Verstand verloren. Doch plötzlich entdeckte sie auf einem Monitor in dessen Praxis einen Bibelvers. Sie realisierte, dass er möglicherweise gläubig war. Sie erzählte ihm, dass sie Christ sei und eine Gemeinde besuchte. Als er ihr sagte, dass sie mit einem bekennenden Christen sprach, fühlte sie sich ermutigt, genauestens von dem zu berichten, was geschehen war.

Seine Antwort lautete: „Nun, manchmal kommen solchen Anomalien vor, aber da ich Arzt bin, muss ich Sie gründlich untersuchen."

Nachdem er Heather untersucht und mehrere detaillierte Messungen durchgeführt hatte – sogar ihre Hüften überprüfte er mit einer Präzisionswasserwaage – sagte er zu ihr:

„Ich kann nicht genau sagen wo, aber irgendwo ist der Knochen nachgewachsen. Das Bein ist jetzt vollkommen in Ordnung."

Die Verlängerung von Beinen, indem Knochen nachwachsen, ist ein erstaunliches Wunder Gottes. Ich liebe es, Heilung zu demonstrieren, indem ich dafür bete, dass Beine wachsen. Aber ich war mittlerweile so sicher darin, dass diese Dinge für mich kein persönliches Wachstum bedeuteten. Ich kam an den Punkt, dass ich hinsichtlich des Wachsens von Beinen so große Erwartung hatte, dass ich mich sehr beeilen musste, wenn ich diese Art von Heilung demonstrieren wollte. Lass mich das erklären. Ich wartete, bis sich so viele Menschen wie möglich um mich versammelten. Dann hob ich die Beine der betreffenden Person kurz an, um diese zu messen und stellte sie dann ganz schnell wieder auf den Boden. Wenn ich sie zu lange festgehalten hätte, wären sie bereits während dieses Prozesses in meinen Händen gewachsen, sodass es niemand richtig hätte verfolgen können. Das hört sich vielleicht überheblich an, aber das ist auf die Gabe des Glaubens in meinem Leben zurückzuführen, die sich stetig erweist und Heilung hervorbringt.

Da ich mich weiter im Glauben ausstrecken wollte, sagte ich auf einer unserer Konferenzen: „Heute möchte ich für etwas beten, was ich noch nie zuvor habe geschehen sehen – ich möchte etwas geheilt sehen, was ich noch nie zuvor gesehen habe."

Die Menschen nannten alle möglichen Arten von Krankheiten:

„Dass sich Kniescheiben bilden."

„Nein", sagte ich, „das habe ich schon gesehen."

„Blindheit?"

„Nein, ich habe erlebt, wie blinde Augen wieder sehend wurden."

Dann rief jemand: „Aber ich habe nur ein Auge!"

„Okay, dafür bete ich!", sagte ich. „Ich habe noch nie gesehen, wie sich ein Augapfel bildet."

Alle versammelten sich im Kreis und wir fingen an zu beten. Das Glaubenslevel im Raum war derart hoch, dass wir mehr erstaunt darüber waren, dass jene Person keinen neuen Augapfel empfangen hatte, als wenn sie einen bekommen hätte.

Ich war keinesfalls enttäuscht, sondern vielmehr angespornt, mich nach größeren Dingen auszustrecken. Ich hatte das Vorrecht, erleben zu dürfen, wie Gott wunderbare und erstaunliche Dinge tat, aber ich bin keinesfalls mit weniger als den größeren Dingen zufrieden, die Gott für mich hat.

Jesus verheißt in Johannes 14, 12: „... *Wer an mich glaubt, der wird auch die Werke tun, die ich tue, und wird größere als diese tun, weil ich zum Vater gehe.* "

Jesus hat verheißen, dass ich sowohl quantitativ als auch qualitativ Größeres tun würde als er. Deshalb strecke ich mich danach aus, um das zu ergreifen, wofür Jesus mich ergriffen hat.

14

DIE AUTORITÄT DES GLÄUBIGEN

Es gibt viele Konzepte für Heilung und es wäre ein Fehler, sich zu sehr auf das HADS-Modell zu konzentrieren, ohne sich der Bedeutung und Wichtigkeit sowohl von Glauben als auch der Autorität des Gläubigen bewusst zu sein.

Aufgrund dessen, was ich in der Bibel gelesen habe, ist für mich vollkommen klar, dass Jesus immer unser Vorbild ist. Wenn ich also in Apostelgeschichte 10, 38 lese:

> *„wie Gott Jesus von Nazareth mit Heiligem Geist und Kraft gesalbt hat, und wie dieser umherzog und Gutes tat und alle heilte, die vom Teufel überwältigt waren; denn Gott war mit ihm"* (Schlachter),

steht für mich außer Frage, dass Jesus überall, wohin er kam, vollkommene Befreiung demonstrierte. Das resultierte aus seiner vertrauten Beziehung mit seinem Vater.

Jesus lebte vor, was es bedeutet, in puncto Heilung einen kreativen Lebensstil zu führen, der sich auf seine enge Beziehung zum Vater und seine uneingeschränkte Autorität über sämtliche Dämonen und Krankheiten gründete.

Es ist offensichtlich, dass er ein Ziel und eine Strategie hatte, denn in Lukas 4, 43 lesen wir, dass er zu der versammelten Volksmenge sagte: *„Ich muss auch den anderen Städten die gute Botschaft vom Reich Gottes verkündigen, denn dazu bin ich gesandt worden."*

Das Problem für Jesus bestand darin, dass sich sein Dienst in aller Öffentlichkeit abspielte. Er heilte die Kranken in der Öffentlichkeit, sichtbar für jedermann, und wenn die Menschen sahen, was er tat, folgten sie ihm. Sie setzten ihr Vertrauen auf ihn und priesen den Gott Israels.

Jesus wirkte in der Öffentlichkeit, damit Menschen an Gott glaubten. Aber diese Art des Dienstes wurde eigentlich zu einer Art Hindernis, weil er jeweils nur begrenzt wirken konnte. Indem er seine Majestät ablegte, zeigte er der Welt, was ein Mann in Gemeinschaft mit dem Vater tun konnte. Nichtsdestotrotz zeigte er auch auf, dass der Dienst eines Einzelnen begrenzt ist, denn ihm war klar, dass er nicht alles allein tun konnte. Er sagte zu den Jüngern: *„Die Ernte zwar ist groß, die Arbeiter aber sind wenige. Bittet nun den Herrn der Ernte, dass er Arbeiter aussende in seine Ernte!"* (Lk. 10, 2).

Jesu Strategie für die Ernte bestand darin, jene Jünger auszurüsten, die ihm nachgefolgt und ihn in seinem Dienst beobachtet hatten. Er rief sie zu sich und gab ihnen Autorität, jede Krankheit zu heilen, die Aussätzigen zu reinigen, Tote aufzuerwecken, Dämonen auszutreiben und wohin sie auch kamen, den Menschen zu erzählen, dass das Reich Gottes nahe war.

Jesus beließ es nicht bei den Zwölfen und er machte sie auch nicht zu Superstars. Er gab siebzig Weiteren dieselbe Autorität und sandte sie aus. In Lukas 10, 17 heißt es: *„Die Siebzig aber kehrten mit Freuden zurück und sprachen: Herr, auch die Dämonen sind uns untertan in deinem Namen. "*

Sie waren nicht etwa deshalb von Freude erfüllt, weil sie eine bestimmte Technik oder ein bestimmtes Konzept anwendeten, sondern aufgrund der Tatsache, dass ihnen Autorität übertragen worden war, weil diese Autorität funktionierte und weil sie kaum glauben konnten, was sie sahen.

Jesus wurde auch von Freude erfüllt, weil sie verstanden hatten, was diese Autorität bedeutete.

Ich schaute den Satan wie einen Blitz vom Himmel fallen. Siehe, ich habe euch die Macht gegeben, auf Schlangen und Skorpione zu treten, und über die ganze Kraft des Feindes, und nichts soll euch schaden.

Lukas 10, 18

Er hatte ihnen Autorität gegeben. Sie hatten von dieser Autorität Gebrauch gemacht und erlebt, dass sie funktionierte.

Aber Jesus beließ es nicht dabei. Schließlich gab er allen Gläubigen den Missionsbefehl:

... Mir ist alle Macht gegeben im Himmel und auf Erden. Geht nun hin und macht alle Nationen zu Jüngern, und tauft sie auf den Namen des Vaters und des Sohnes und des Heiligen Geistes, und lehrt sie alles zu bewahren, was ich euch geboten habe!

Matthäus 28, 18-20

Mit anderen Worten: *„Heilt Kranke, weckt Tote auf, reinigt Aussätzige, treibt Dämonen aus! Umsonst habt ihr empfangen, umsonst gebt!"* (Mt. 10, 8).

Das war der Masterplan des Herrn, um Jünger zu machen, die die Dinge tun würden, die er tat. Jesus sagte nicht: „Bringt alle zu mir." Tatsächlich gestattete er beispielsweise dem Gerasener nach dessen Befreiung nicht, ihm nachzufolgen. Stattdessen sagte er ihm, er solle nach Hause gehen und seiner Familie erzählen, was Gott alles für ihn getan hatte. Das tat dieser Mann und evangelisierte in der gesamten Region (siehe Mk. 5, 19-20).

Anhand dieses Beispiels sehe ich, dass Jesus uns zeigt, was Gott zu tun vermag und uns sagt, dass wir dasselbe tun sollen – hingehen und unserer Familie, unseren Freunden und Nachbarn die gute Nachricht verkünden. Heilung war nie auf ein Gebäude, ein Konzept oder einige wenige begrenzt, die in dieser Gabe dienten. Es sollte so sein, dass Heilung ganz selbstverständlich durch jeden Gläubigen überall und jederzeit für jeden Kranken freigesetzt wird!

Jesus wollte, dass die Jünger die empfangene Autorität in jeder Situation ausübten. Ich glaube, dass er selbst in der Situation hoffte, als er in dem Fischerboot ein Nickerchen hielt und ein Sturm aufzog, sie würden ihre Autorität wenigstens ausprobieren, anstatt sich so sehr zu fürchten. Und die ganze Zeit über versucht er ständig, ihnen Glauben einzuflößen und sie zu lehren, nicht zu zweifeln.

Er weiß, dass es ihnen schwerfällt, zu glauben, weil sie noch nicht die richtige Perspektive haben. Ihr Glaube verfliegt förmlich angesichts der Fixierung auf ihre fünf Sinne. Aber über einen Zeitraum von drei Jahren lehrt Jesus sie beständig und schrittweise. Wir sehen, dass die Jünger eine Entwicklung durchmachen – aus ängstlichen Jüngern werden zuversichtliche Jünger. Wir sehen, dass sie von einer Haltung der Furcht zu einer Haltung des Glaubens gelangen.

Bei uns ist es genauso. Der Heilige Geist vermittelt uns die richtige Perspektive und wir lernen. Und indem wir lernen und an der Lehre Jesu festhalten, sodass wir wahrhaft seine Jünger sind, werden wir die Wahrheit erkennen. Dann wird uns die Wahrheit freimachen, um die Dinge tun zu können, die Jesus tat. Aber wir müssen an seiner Lehre festhalten und gehorsam sein – selbst dann, wenn es scheinbar keinen Sinn ergibt und uns töricht vorkommt und vollkommen konträr zu dem steht, was diese Welt uns vermittelt.

Nach seiner Auferstehung sprach Jesus vierzig Tage lang mit seinen Jüngern über das Reich Gottes, bis sie diese Botschaft schließlich begriffen hatten. Jetzt waren sie frei und kamen an den Punkt, dass Petrus zu einem gelähmten Bettler sagen konnte: *„Silber und Gold besitze ich nicht; was ich aber habe, das gebe ich dir: Im Namen Jesu Christi, des Nazoräers: Geh umher!"* (Apg. 3, 6).

Der Herr will, dass die Gemeinde weiß, was uns gegeben worden ist. Er will, dass wir um unsere Autorität, um unsere Stellung in Christus sowie um die Salbung wissen, die wir tragen, und wen wir repräsentieren.

Der Sinn Christi, das Herz des Vaters und das Leben des Geistes in einem Christen verändern den Status quo. Wohin sie auch gehen, machen Christen einen Unterschied. Aber der Feind setzt alles daran, die Gemeinde von der Erkenntnis und dem Wandel gemäß ihrer gottgegebenen Autorität abzuhalten, weil andernfalls der Himmel losbrechen wird.

Jesus hat uns die Schlüssel des Reiches gegeben. Diese Schlüssel repräsentieren seine Autorität. Immer, wenn wir diese Autorität auf Erden ausüben, gibt uns der gesamte Himmel Rückendeckung. Aber um das Reich Gottes zu sehen, müssen wir hinsichtlich unseres Glaubens wie die Kinder sein und glauben, was Jesus sagt, denn manches von dem, was Jesus sagt, kling so „verrückt", dass nur ein Kind es glauben kann. Es ist so, als würde ein Vater zu seinem Sohn sagen: „Sohn, wenn du das tust, kannst du fliegen", und der Sohn blickt erstaunt drein und glaubt, dass er fliegen kann, weil sein Vater es gesagt hat. Er stellt diese Aussage nicht in Frage, und selbst wenn er versucht zu fliegen und scheitert, zweifelt er noch immer nicht, weil er seinem Papa glaubt.

Ich hebe den Punkt Autorität besonders hervor, weil Christen hinsichtlich der Art und Weise, wie sie beten, oftmals sehr Wischiwaschi sein können. Mit unseren Worten können wir hinsichtlich dessen, was wir glauben und wissen, förmlich Verrat begehen. Überall, wo ich hinkomme, lehre ich über Autorität, denn wenn die Gemeinde darüber Erkenntnis bekommt und daran festhält, wird sich ihr keine Krankheit und kein Dämon in den Weg stellen können. Nichts wird unmöglich sein.

Anhand eines Beispiels einer denkwürdigen Rückreise von einem Einsatz in einer Gemeinde in der Slowakei, die ich mit Alan, Kathryn und einem Team unternahm, möchte ich unsere Autorität in Jesus veranschaulichen. Wir hatten über Leiterschaft, Lobpreis und HADS gelehrt. Nach einer wunderbaren Zeit und der Erfahrung, dass die dortige Gemeinde inspiriert und aktiviert war, verließen wir gegen 3.00 Uhr morgens unser Hotel, um die dreistündige, beschwerliche Reise zum Flughafen von Bratislava anzutreten.

Das Auto, in dem ich reiste, war recht eng und unbequem. Es war mir nicht möglich, während der Fahrt zum Flughafen zu schlafen. Als wir dort ankamen und ich wegen der Gepäckkontrolle in einer Schlange anstand, war ich so müde, dass ich im Stehen hätte einschlafen können. Ich träumte davon, im Flugzeug einen Fensterplatz zu bekommen und dachte an die Verheißung von seligem Schlaf.

Alan, der ständig vor kreativen und glänzenden Ideen nur so sprühte, hatte sich etwas einfallen lassen. Als wir auf dem Hinflug in Bratislava landeten, mussten wir von unserem Flugzeug aus mit einem Bus bis zum Terminal fahren. Er war zu folgendem Schluss gekommen: Wenn wir nun in der Abflughalle die Letzten in der Reihe waren, würden wir als Erste den Bus verlassen können, mit dem man uns zu unserem Flugzeug brächte. Und das bedeutete, dass wir uns unsere Sitzplätze aussuchen konnten. Angesichts meines Erschöpfungszustands klang das logischerweise wie Musik in meinen Ohren, denn jeder, der mich und meine Reisegewohnheiten kennt, weiß, dass ich für einen Fensterplatz nahezu alles tun würde!

Als sich die Tore zu dem entsprechenden Flugsteig öffneten, um an Bord der Maschine gehen zu können, stellte ich mit Bestürzung fest, dass unser Flugzeug ganz in der Nähe stand und bequem zu erreichen war. Ganz hinten in der Reihe anzustehen bedeutete, dass wir das Flugzeug als Letzte besteigen würden. Als wir an Bord gingen und ich mich flüchtig umschaute, bemerkte ich, dass kein Fensterplatz mehr frei war, aber in der fünften Reihe entdeckte ich einen freien Platz am Gang. Auf dem mittleren Platz daneben saß eine schlanke Spanierin und auf dem Fensterplatz neben ihr saß ihr Freund. Da sie sehr schlank war, dachte ich, auf der linken Seite genug Bewegungsfreiheit zu haben und auf der rechten Seite war ja der Gang, sodass ich auch dort genug Ellbogenfreiheit haben würde.

Ich war so müde, dass ich während des Anschnallens noch nicht einmal zuhörte, als die Sicherheitsinstruktionen gegeben wurden. Ich neigte meinen Kopf, um zu schlafen. Es hätte bloß dreißig Sekunden gebraucht, um einschlafen zu können, aber plötzlich sagte die Spanierin neben mir: „Entschuldigen Sie. Ich leide unter extremer Flugangst und mache jeden in meiner Nähe nervös. Wenn Sie während des Flugs schlafen möchten, schlage ich vor, dass Sie bitte in den hinteren Bereich des Flugzeugs gehen."

Ich war ziemlich schlecht gelaunt und dachte mir: „Auf keinen Fall werde ich von diesem Platz verschwinden. Wenn etwas verschwindet, dann ihre Angst!"

Ich wandte mich ihr lächelnd zu und sagte: „Machen Sie sich keine Sorgen. Mein Friede gleicht Ihre Furcht aus."

Sie schaute mich eigentümlich an und fragte sich offensichtlich, wie ich das meinte. Doch als das Flugzeug abhob, bleib sie ihrem Wort treu und geriet in Panik.

„Was ist das für ein Geräusch?", fragte sie verzweifelt und ihr armer Freund versuchte nun ihr zu erklären, dass das Triebwerk nicht von der Tragfläche fallen würde. Er tat sein Bestes, um ihr die Angst zu nehmen, was die Situation jedoch unglücklicherweise nur noch verschlimmerte. Als ihm klar wurde, dass er ihr keine Hilfe war, entschied er, dass es das Beste sei, sie vollkommen zu ignorieren und eisern aus dem Fenster zu starren.

Die Situation geriet außer Kontrolle und ich dachte mir, dass ich jetzt besser etwas unternehmen sollte. Ich drehte mich um, weil ich herausfinden wollte, ob einige Mitglieder des Teams in der Nähe saßen, die mich unterstützen konnten. Ich erblickte Stephen fünf Reihen hinter mir, aber er schlief schon. „Typisch!", grummelte ich. Alan, Kathryn und die übrigen Teammitglieder saßen weiter hinten. Zum Glück hatten sie keine Ahnung, was für ein Drama sich in Reihe fünf entfaltete. Ich blickte auf die andere Seite des Gangs und sah, dass mir direkt gegenüber ein Mann in einem Buch las. Nachdem ich ihn kurz beobachtet hatte, dachte ich mir: „Er sieht aus wie ein Christ."

Ich lehnte mich langsam in Richtung des Ganges und reckte meinen Hals, um erkennen zu können, was für ein Buch er las. Als ich beim Herüberlehnen etwa einen Winkel von 45 Grad erreicht hatte und fast aus meinem Sitz fiel (die Menschen, die hinter mir saßen, müssen sich gefragt haben, was um alles in der Welt ich dort tat) sah ich, dass der Mann tatsächlich ein christliches Buch las. Es stellte sich heraus, dass er Mitarbeiter eines Dienstes war, der jahrelang Bibeln nach Osteuropa importiert hatte.

Ich wandte mich ihm zu und fragte: „Entschuldigen Sie, Sie sehen aus, als seien Sie Christ – folgen Sie Jesus nach?" Er machte große Augen und bestätigte, dass er Christ war. Aber er muss sich gefragt haben, was ich ihn wohl als Nächstes fragen würde- „ Die Frau neben mir hat Flugangst und ich habe vor, diese Angst auszutreiben. Würden Sie mich bitte im stillen Gebet unterstützen, während ich das tue?"

Sein besorgter Blick entging mir nicht, als er in etwas einwilligte, was er wahrscheinlich in einem Flugzeug nicht für angebracht hielt. Ich wandte mich der Spanierin zu und sagte: „Ich folge Jesus nach und glaube, Ihnen helfen zu können, vollkommen von Ihren Ängsten frei zu werden. Dürfte ich für Sie beten?"

„Ja, bitte!", antwortete sie, ohne zu zögern.

Jetzt wandte ich mich an ihren Freund, der immer noch aus dem Fenster starrte.

„Entschuldigen Sie, ich hoffe Sie haben nichts dagegen, wenn ich für Ihre Freundin bete. Ich glaube, dass Jesus sie von Furcht befreien kann."

Ich wollte nicht, dass er dachte, ich würde mich an seine Freundin ranmachen.

„Ja! Ja, bitte!", antwortete er.

Ich glaube, er war an einem Punkt, dass er mit allem einverstanden gewesen wäre. Ich drehte mich auf meinem Sitz zu der Frau hin – mit dem Rücken saß ich jetzt in Richtung des Gangs – und fasste sie am Handgelenk. Da ich keine Aufmerksamkeit erregen wollte, betete ich leise, aber bestimmt.

„Furcht, ich befehle dir, aus dieser Frau auszufahren und nie mehr zurückzukommen!"

Der Geist der Furcht verließ diese Frau mit einem Schrei, was dazu führte, dass alle Passagiere in den vorderen fünf Reihen in ihren Sitzen zusammenzuckten und sich umdrehten. Stephen, der fünf Reihen hinter mir saß, wurde aus dem Schlaf geschreckt. Zwei Flugbegleiterinnen kamen und fragten mich, ob alles in Ordnung sei. Aber ich ignorierte sie, denn ich war entschlossen, mich solange nicht vom Gebet ablenken zu lassen, bis ich die Gewissheit hatte, dass diese Frau vollkommen frei war.

Plötzlich rief sie: „Sie ist weg, sie ist weg, die Angst ist weg!"

Sie hielt Ausschau nach ihrer Angst, aber diese war nirgendwo zu finden. Ihr Freund war sprachlos. Die Frau wusste nicht, wie sie mir danken sollte. Sie durchstöberte ihre Handtasche, holte einen Füller heraus und gab ihn mir.

„Ein Füller", dachte ich. „So einen wollte ich immer schon haben."

Unmittelbar danach fühlte ich mich inspiriert zu sagen: „Dieser Füller repräsentiert Ihre Angst und die haben Sie Jesus gegeben. Jedes Mal, wenn Sie sich wieder fürchten, können Sie mit ihm reden."

Ich tauschte meinen Platz mit Maxine, einem Teammitglied, damit sie mit dieser Frau beten konnte. Später sprach ich noch mit ihr darüber, was es beutet, eine Beziehung zu Jesus zu haben und erklärte ihr, dass Gebet nichts anderes ist, als mit Jesus zu sprechen. Dann sah ich, dass sie ihren Kopf neigte und anfing, mit Jesus zu reden. Ich schlief während dieses Flugs nicht noch einmal ein. Stattdessen brachte ich diese Frau leise betend vor Jesus.

In 2. Timotheus 4, 2 heißt es: *„Predige das Wort, stehe bereit zu gelegener und ungelegener Zeit …"*

Wir sollten zu jeder Zeit und an jedem Ort bereit sein, mit jedermann zu beten – ganz gleich, ob zu gelegener oder ungelegener Zeit.

Ich werde häufig gefragt, wie wir mit größerer Autorität beten können. Meine Antwort lautet: Du musst nicht für mehr Autorität beten, sondern den Heiligen Geist bitten, dir tiefere Offenbarung über die Autorität zu geben, die dir bereits übertragen wurde.

Wenn wir bei unseren Straßeneinsätzen für Heilung beten, kommen entsprechend des HADS-Konzepts zwei Möglichkeiten zur Anwendung: Wir legen die Hände auf und wir sprechen ein Befehlswort. Durch Handauflegung kommen die Barmherzigkeit und die Liebe Gottes zum Ausdruck, aber das Befehlswort ist eine bewusste Gebetshandlung, um einen „Berg" zu versetzen. Tatsächlich müssen jene, die ihre Autorität wirklich verstanden haben, keinen Befehl aussprechen, weil alles, was sie tun, in Autorität geschieht. Sie wissen das und der Teufel weiß auch, dass sie es wissen. Selbst wenn sie „Rhabarber" sagten, würden sie Autorität ausüben.

Wir alle haben von den erstaunlichen Diensten von Männern und Frauen Gottes gehört, die eine Gabe an die Gemeinde waren. Doch den meisten von ihnen liegt Autorität sozusagen im Blut. Ob sie sich nun dessen bewusst sind oder nicht, allein aufgrund dessen, wie sie beten und sich verhalten, ist offensichtlich, dass sie Autorität haben.

Es gibt dann ein Problem mit Autorität, wenn diese missbraucht wird. Autorität wurde manchmal unweise eingesetzt. Dazu ein Beispiel. Angenommen, jemand mit einer starken Gabe betet vor den Augen vieler Menschen vom Podium aus und daraufhin geschehen viele Heilungen. Nun werden sich viele in der Weise zu diesem Menschen hingezogen fühlen, ebenfalls von ihm für sich beten zu lassen oder sie wollen, dass er für alle Anwesenden betet.

Das Problem wird verschlimmert, wenn die Betreffenden stets alleine anderen dienen und es sowohl versäumen, die Gemeinde zu lehren, dass die Glieder des Leibes ebenfalls Autorität empfangen haben als auch, ihnen zu zeigen, wie man diese anwendet. Das entspricht nicht dem, was Jesus vorgelebt hat. Bei der Speisung der Vier- und Fünftausend sagte Jesus zu seinen Jüngern: *„Gebt ihr ihnen zu* *essen!"* (Mt. 14, 16). Er möchte anderen Aufgaben übertragen. Er ermutigt sie, ein Risiko einzugehen und was auch immer sie haben, Gott zu übergeben. Dann demonstriert er, welche erstaunlichen Dinge geschehen können, wenn Gott etwas übergeben und dann freigesetzt wird.

Es entstehen weitere Probleme aus einem Ein-Mann-Dienst, wenn jemand seine Autorität unweise, theatralisch oder auf eine Weise einsetzt, die gemäß der Kultur des jeweiligen Landes ungeeignet ist. Menschen sehen die Wunder und sind erstaunt, aber das ist kontraproduktiv, wenn jemand eine solche Versammlung mit dem Gedanken verlässt: „Nun, dieser Mensch hat wirklich Vollmacht, aber ich könnte das keinesfalls im Büro tun. Auf meiner Arbeit sind einige Menschen krank, aber ich könnte niemals auf diese Weise für sie beten. Wahrscheinlich würde ich gefeuert."

Diese falsche Denkweise entsteht, wenn man jemanden beobachtet, der versucht, in aller Öffentlichkeit Heilung auf eine Weise freizusetzen, die nicht hilfreich war – sei es, indem er jemanden schlägt oder etwas Absurdes tut.

Es ist mein Ziel, der Gemeinde aufzuzeigen, dass der Heilungsdienst ihre Aufgabe ist, denn in der Schrift heißt es über die Gläubigen: *„Kranken werden sie die Hände auflegen, und sie werden sich wohl befinden"* (Mk. 16, 18; Schlachter).

Jemandem die Hände aufzulegen, ihn sanft zu berühren, zählt zu den stärksten Ausdrucksformen von Barmherzigkeit. Eine Berührung kann sehr viel vermitteln. Jesus lebte uns diese Art des Dienstes vor:

*Von tiefem Mitleid ergriffen, streckte Jesus die Hand
aus und berührte ihn ...*

Markus. 1, 41 (NGÜ).

Als wir in London mit HADS begannen, beobachtete uns ein Mann, während wir beteten. Anschließend tat
er so, als würde er weggehen, aber er kam wieder zurück.
Das tat er zwei- oder dreimal, doch dann kam er zu mir
und sagte:

„Eine Berührung – ist so etwas Gutes. Das ist uns in
unserer Gesellschaft abhandengekommen, doch hier sehe
ich, dass ein Mensch einen anderen sanft und voll Barmherzigkeit berührt. Das brauchen wir. Das ist der Weg, wie
unsere Gesellschaft geheilt werden kann."

Der Feind hat sich bemüht, alles, was mit Berührung
zu tun hat, zu missbrauchen oder uns dessen zu berauben.
Dieser Mann konnte erkennen, dass es sich hierbei um etwas handelte, das wir verloren haben. Eines meiner Ziele
besteht darin, dass wir zurückerlangen, was es bedeutet, jemandem die Hände aufzulegen. Das Wort Handauflegung
klingt ein bisschen kalt, aber das Wort Berührung vermittelt so vieles.

Als meine drei Söhne geboren wurden, knuddelte und
küsste ich sie ständig. Auch als sie größer wurden, nahm
ich sie noch in den Arm. Erst als sie anfingen, Rugby zu
spielen und größer waren als ich, hätte das uncool gewirkt
und ich wollte sie natürlich nicht in Verlegenheit bringen.
Aber ich konnte ihnen immer noch sehr viel vermitteln,
wenn ich meine Hand auf ihre Schulter legte. Durch eine
Berührung konnte ich sagen: „Ich liebe dich über alles.

Ich bin stolz auf dich. Es ist in Okay, ich verstehe. Mach dir keine Sorgen. Hab keine Angst. Du bist in Sicherheit."

All das kann durch eine Berührung kommuniziert werden. Wir sollten die Kunst und die Erkenntnis hinsichtlich einer angemessenen Berührung wiedererlangen, anstatt unsere Hände für Gewalt, Kontrolle oder Manipulation einzusetzen. Wenn ich sehe, dass jemand seinen Dienst in irgendeiner Weise missbräuchlich ausübt, weiß ich, dass diese Vorgehensweise nicht auf Gott zurückgeht. Selbst dann, wenn jener Mensch sagt, Gott hätte ihm aufgetragen, so zu handeln und jemand geheilt wird. Möglicherweise glaubt er auch, dass der Zweck die Mittel heiligt. Aber ich bin der Auffassung, dass Gott heilt, weil er uns Autorität gibt, die Kranken zu heilen. Ich glaube jedoch nicht, dass er uns vorschreibt, wie wir diese Autorität gebrauchen sollen.

Es ist ganz und gar unsere Entscheidung, wie wir anderen in puncto Heilung dienen. Vielleicht sind wir der Meinung, das auf beliebige Art und Weise tun zu können, aber Tatsache ist, dass wir Autorität haben und diese aufgrund einer Fehleinschätzung und Mangel an Weisheit missbrauchen können. Dass uns Autorität gegeben wurde, habe ich immer wieder dadurch erlebt, dass ich unterschiedliche Vorgehensweisen wählte, um Heilung freizusetzen.

Als ich einmal auf einer New-Wine-Konferenz eine Gruppe von Zehn- und Elfjährigen lehrte, wie man betet, hatte ich ein Wort der Erkenntnis für jene mit Hautkrankheiten. Während ich mich fragte, wie ich dieses Wort weitergeben sollte, rief ein Junge: „Kann Gott etwas gegen Ekzeme tun?"

Das nahm ich als Stichwort, um zu sagen: „Steh auf, wenn du ein Ekzem hast." Mir war nicht klar, wie häufig diese Erkrankung vorkommt. Es standen sehr viele Jugendliche auf. Nun wies ich diese jungen Menschen an, ihre Hand auf die betroffene Körperstelle zu legen und anschließend forderte ich deren Sitznachbarn auf, ebenfalls aufzustehen und ihnen behutsam die Hände aufzulegen. Dann erklärte ich ihnen, wie es zu einer Heilung kommt – entweder sofort oder schrittweise, und selbst dann, wenn kein sichtbares Anzeichen für eine Heilung erkennbar ist. Den letztgenannten Punkt hob ich besonders hervor, weil ich noch nie gesehen hatte, dass Hauterkrankungen auf der Stelle geheilt wurden. Ich dachte, diese jungen Menschen würden hinsichtlich ihres Glaubens einen Knacks kriegen, wenn sich ihre Heilung nicht sofort manifestierte. Ich wollte ihnen vermitteln, dass Gott selbst dann weiterhin am Werk ist und sie liebt, wenn sie keine sofortige Veränderung sähen. Ich erklärte ihnen, dass sich ihre Heilung auf dem Nachhauseweg, schrittweise oder am nächsten Tag, manifestieren könnte.

Dann lehrte ich sie, dass sie zu der Erkrankung so sprechen sollten, als würden sie einem Berg befehlen, sich hinwegzuheben: „Hautkrankheit, ich befehle dir, im Namen Jesu zu verschwinden!"

Es waren zwischen fünfhundert und sechshundert junge Menschen anwesend, und als sie beteten, konnte ich hören, wie überall im Saal Begeisterung ausbrach. Nach ein paar Minuten forderte ich sie auf, die entsprechenden

Hautstellen zu überprüfen. Als ich schließlich fragte: „Wer wurde geheilt?", gingen viele Hände nach oben.

Angesichts der jugendlichen Ausgelassenheit der Versammelten fühlte ich mich in meinem Herzen herausgefordert. Aber dann kam einer der Leiter zu mir und sagte, dass überall im Saal Wunder geschehen würden. Ein zehnjähriges Mädchen hatte am Ellenbogen und am Arm ein Ekzem, das so sehr schmerzte, das weder sie sich selbst dort berühren noch irgendjemand sonst ihr die Hände auflegen konnte. Aber als die Umstehenden für sie beteten, konnten sie beobachten, wie das Ekzem verschwand. Das Reich Gottes brach überall hervor. Diese jungen Leute sahen Wunder geschehen und verließen die Konferenz derart beeindruckt, dass noch Tage später Eltern zu mir kamen und mich fragten, was ich mit ihren Kindern gemacht hätte. Ein Junge hatte einen Mann, der an Krücken ging, buchstäblich verfolgt und für ihn an Ort und Stelle gebetet. Am nächsten Tag sahen die Eltern dieses Jungen jenen Mann ohne Krücken laufen!

Ein paar Tage später hielt ich ein Seminar für die Erwachsenen ab, aber viele dieser jungen Leute kamen ebenfalls. Zuvor hatte ich im Saal eine Wasserpistole entdeckt und beschloss nun, diese zu gebrauchen, um Heilung und Autorität zu demonstrieren. Als mir ein paar vorwitzige Jungs auffielen, sagte ich:

„Ich werde jetzt über euch im Namen Jesu Heilung freisetzen." Dann spritzte ich ein paarmal mit der Wasserpistole auf sie und noch einige andere, die sich angestellt hatten, um Heilungsgebet zu empfangen. Als ich etwas später fragte, wer geheilt wurde, gingen die Hände nach oben und Eltern bezeugten, dass ihre Kinder geheilt worden waren. Das Gleiche tat ich im darauffolgenden Jahr mit einer AirZooka. Das ist eine Luftkanone, mit der man einen ungefährlichen Luftball etwa 12 Meter weit schießen kann. Und aus etwa dieser Entfernung setzte ich Heilung über denen frei, die aufgestanden waren. Danach gab ich dieses Spielzeug einem überglücklichen kleinen Jungen, der geheilt worden war!

Probleme entstehen dann, wenn Menschen sich auf die Methode konzentrieren, durch die Heilung geschieht, und nicht auf die ihr zugrundeliegende Ausübung von Autorität. Deshalb will ich nicht eine bestimmte Vorgehensweise hervorheben, sondern die Erkenntnis, dass du diese wählen kannst, wenn du Autorität hast.

Ich werde häufig von Ärzten gefragt, wie sie im Sprechzimmer für ihre Patienten beten könnten, ohne ihnen die Hände aufzulegen. Gläubige Ärzte sind in einer perfekten Position und manchmal in dieser Hinsicht mir gegenüber sogar im Vorteil, weil sie bereits die Gesinnung Gottes haben, Kranke zu heilen.

Ich sage ihnen, dass sie einen „Glaubensaufhänger" brauchen – etwas, das ihnen hilft, die Kraft Gottes gemäß einer Methode ihrer Wahl freizusetzen. Handauflegung ist lediglich eine Möglichkeit. Wenn ich jemandem die Hände auflege, glaube ich, dass die Kraft Gottes in diesem Moment freigesetzt wird, um diesen Menschen zu heilen. Aber es gibt viele Möglichkeiten, sich auf einen Kontaktpunkt mit dem Heiligen Geist festzulegen.

In Apostelgeschichte 19, 11–12 lesen wir:

Und ungewöhnliche Wunderwerke tat Gott durch die Hände des Paulus, sodass man sogar Schweißtücher oder Schurze von seinem Leib weg auf die Kranken legte und die Krankheiten von ihnen wichen und die bösen Geister ausfuhren.

Eine mir bekannte Ärztin entscheidet sich, die Kraft Gottes in dem Moment bewusst freizusetzen, wenn sie bei einem Patienten den Puls fühlt. Ein anderer Arzt setzt die Kraft Gottes in dem Moment frei, wenn er einem Patienten ein Rezept in die Hand drückt.

Wenn wir uns darüber im Klaren sind, wer wir tatsächlich sind, wissen wir, dass sich aufgrund unserer Identität und der auf uns ruhenden Salbung alles verändern wird, was wir anfassen. Ich glaube, dass das Reich Gottes mit Heilungen und Zeichen und Wundern durch viele Christen freigesetzt wird, die sich dieser Tatsache überhaupt nicht bewusst sind. Wie viel mehr würden wir davon sehen, wenn sich die Gemeinde der Kraft und Autorität vollständig bewusst wäre, mit der sie ausgestattet wurde!

15

IN DER ORTSGEMEINDE VERANKERT

Wo auch immer Gott uns hingestellt hat, sollten wir die Gesellschaft beeinflussen. Aber um das tun zu können, brauchen die Christen in der Region eine Möglichkeit, um sich zusammenzuschließen. Das geschieht in der Ortsgemeinde. Wir versammeln uns, um Gott anzubeten und um von ihm zu hören, aber auch, um zugerüstet zu werden und seine Führung für unsere Region zu empfangen. Die Gemeinde existiert für die Menschen außerhalb ihrer vier Wände und deshalb versammeln wir uns, um anschließend wieder hinauszugehen.

Gott gibt eine Strategie, damit jede Region durch die Ortsgemeinde erreicht wird. Und weil wir voneinander abhängig sind, sind wir wie ein Leib, der aller Bestandteile bedarf, um funktionieren zu können. Wir sind alle miteinander verbunden und jeder von uns ist unverzichtbar. Es ist Gottes Plan, dass wir mit einer klaren Vision hinsichtlich dessen, was wir gemäß seines Willens tun sollen, an die problembeladene Orte dieser Welt gehen.

Folglich ist es unbedingt notwendig, dass wir nicht aufhören, uns zu treffen. Wir brauchen Gemeinschaft. Wir müssen in der Lage sein, uns gegenseitig zu ermutigen, zu stärken und zu unterstützen. Und das geschieht, wenn wir zusammen das Brot brechen, Zeit miteinander verbringen und gemeinsam durchs Leben gehen. Gemeinsam sind wir stärker und effektiver als voneinander getrennt.

Bevor die Israeliten in das verheißene Land zogen, hatten sie ein Gilgal – ein Basislager, wo sie sich versammelten und der Dinge gedachten, die Gott getan hatte, aber auch, um ihn zu preisen. An diesem Versammlungsort wurden sie wiederhergestellt und geheilt. Ferner empfingen sie von Gott Weisung, von dort auszuziehen. Es gab eine klare Strategie. Sie hörten von Gott, was sie gemäß seines Willens tun sollten. Und als sie auszogen, waren sie erfolgreich. Wir sehen aber auch, dass sie auf ganzer Linie versagten, wenn sie auszogen und ihr eigenes Ding durchzogen.

Wir bekommen Kraft, wenn wir als Gemeinde zusammenkommen und Gottes Gegenwart spüren. Wir werden erneut erfüllt und neu fokussiert. Es ist wichtig, in der Ortsgemeinde verankert zu sein, damit wir von Verletzungen geheilt, wiederhergestellt, zugerüstet und mit Vision ausgesandt werden können.

Wir sind also berufen, Dinge gemeinsam zu tun, und nicht etwa unabhängig voneinander. Dennoch ist es offensichtlich, dass manche Glieder des Leibes mehr Beachtung finden als andere – besonders Menschen mit einem einflussreichen Dienst. Nichtsdestotrotz ist es eine Tatsache, dass sie nicht wichtiger sind als jemand, der sich zurückzieht und betet, weil er dazu berufen ist. Ein Dienst im Verborgenen ist nicht weniger wichtig als einer, der gesehen wird.

Ein Evangelist, dessen Dienst sich, wie auch in meinem Fall, in der Öffentlichkeit abspielt, steht in der Gefahr, sich nicht vollständig der gottgegebenen Vision der jeweiligen Ortsgemeinde zu unterstellen. Wenn das geschieht, kann diese Person für die Leiterschaft der Gemeinde zu einer Bedrohung werden. Sollte ein solcher Dienst wachsen und es kommt zu einer Abspaltung von der Gemeinde, wird daraus ein Monster, das mehr schadet als nützt.

Mein Dienst besteht darin, sowohl das Werk eines Evangelisten zu tun, als auch die Gemeinde zuzurüsten und ich bin berufen, das an meinem Wohnort zu tun. Gott hat mich berufen, ein Vorbild für die Causeway-Coast-Vineyard-Gemeinde zu sein. Und ich möchte dieser Vorbildfunktion in der Weise gerecht werden, dass ich mich der Leiterschaft und Vision der Gemeinde vollständig unterordne. Die Beziehung zwischen Alan und mir basiert auf vollkommenem Vertrauen – und diese Art von Vertrauen und Authentizität ist für das Gemeindeleben unbedingt erforderlich. Ich unterstelle mich seiner Leiterschaft und ebenso respektiert er, was Gott in mich hineingelegt hat.

Ich bin mir darüber im Klaren, dass ich Teil dessen bin, was Gott in dieser Region tut, die so wertvoll für ihn ist, dass er dort seine Gemeinde platziert hat. Ich verliere dafür den Blick, wenn ich nicht ehre, was Gott unter uns tut. Dass ich aufgrund meines Dienstes oft unterwegs bin, bedeutet zwangsläufig, dass ich häufig fern von meiner Gemeinde bin. Aber ich gehöre dennoch zu einer kleinen Gruppe und trachte immer danach, die Leiterschaft der Gemeinde zu ehren – ganz gleich, ob ich zuhause oder unterwegs bin. Ich glaube, das ist der Grund, weshalb Gott den Dienst segnen und wachsen lassen kann.

Als wir HADS einführten, hatten Alan und ich eine leise Ahnung hinsichtlich der Reise, die uns bevorstand. Wir frühstückten oft zusammen und träumten davon, dass Gott unsere Region heimsuchen würde. Außerdem proklamierten wir Gottes Bestimmung über unserem Leben. Auch wenn wir damals spürten, dass Gott in Coleraine etwas Außergewöhnliches tun würde, etwas, das sich sogar in die Nationen verbreiten würde, sind wir nach wie vor überwältigt von seiner Großzügigkeit, Gnade, Treue und erlösenden Kraft.

Als wir anfingen, unseren Traum zu leben, schworen wir uns, mit beiden Beinen auf dem Boden zu bleiben und Jesus nie aus den Augen zu verlieren. Unsere Aufgabe ist es, ihm zu folgen und als Söhne zu leben. Durch ihre kluge und demütige Art der Leiterschaft schufen Alan und Kathryn Scott für mich und viele andere einen Ort der Sicherheit. Hier konnten wir unsere gottgegebene Bestimmung mit einem gewissen Freiraum für Kreativität erkunden. Durch ihre Vision und ihr Beispiel ermöglichen sie der Kultur des Reiches Gottes, jeden Aspekt des gesellschaftlichen Lebens zu beeinflussen.

Anfangs, als HADS noch in den Kinderschuhen steckte, hatte Gott deutlich zu Alan gesprochen und ihm gesagt, dass er die Identität von HADS – insbesondere hinsichtlich der Verknüpfung mit der Ortsgemeinde, schützen sollte. HADS war in der Ortsgemeinde und für die Ortsgemeinde entstanden. Der Heilige Geist leitete ihn, dem in Apostelgeschichte 13, 1-3 genannten Leitbild für den Dienst zu folgen:

> *Es waren aber in Antiochia, in der dortigen Gemeinde, Propheten und Lehrer … Während sie aber dem Herrn dienten und fasteten, sprach der Heilige Geist: Sondert mir nun Barnabas und Saulus zu dem Werk aus, zu dem ich sie berufen habe! Da fasteten und beteten sie; und als sie ihnen die Hände aufgelegt hatten, entließen sie sie.*

Hier sehen wir einen überregionalen Dienst, der aus einer Ortsgemeinde hervorgeht und der von den speziell dafür gesalbten Personen ausgeführt wird. Diese werden von der Ortsgemeinde für die entsprechende Aufgabe freigesetzt und bevollmächtigt. Gleichzeitig bleiben sie aktiver Teil einer Ortsgemeinde. Die Schrift ist deutlich darin, dass sich Paulus und Barnabas trotz ihres Mandats für die Nationen weiterhin der Autorität der Ortsgemeinde unterstellten.

Da das Mandat und das HADS-Konzept souverän initiiert wurden, mussten wir das Konzept dahingehend weiterentwickeln, dass es fest in der Ortsgemeinde verankert blieb. Es ging bei HADS nie darum, Menschen für den Reisedienst einzusetzen, sondern vielmehr darum, die Gemeinde für das Werk des Dienstes an den Verlorenen zuzurüsten, damit der Leib Christi auferbaut wird.

HADS ist weder irgendeine zusätzliche Gemeindeaktivität noch irgendein weiteres Gemeindeprogramm, sondern ein Ausdruck unserer Hingabe, die Verlorenen zu erreichen. HADS sollte eine Facette einer gesunden, nach außen orientierten Gemeinde sein. Das bedeutet, dass die Gemeinde dafür lebt, die Verlorenen zu erreichen und alles zurückschneidet, was sich dem in den Weg stellt.

Die Causeway-Coast-Vineyard-Gemeinde und HADS haben eine Partnerschaft, um alles Erforderliche zu tun, damit Menschen zu Christus finden können. Da HADS Bestandteil unserer Strategie ist, die Verlorenen zu erreichen, empfehlen und fördern wir dieses Konzept. HADS ist zu einem wesentlichen Bestandteil unseres Gemeindelebens geworden und weil wir das Ziel verfolgen, immer mehr Menschen für diesen Dienst zu gewinnen, haben wir unsere Kleingruppen darin geschult, wie man das HADS-Konzept umsetzt.

Es ist wirklich unglaublich, in wie viele Länder sich HADS verbreitet hat. Angefangen mit Europa und den skandinavischen Ländern wurde HADS schließlich überall auf der Welt rasend schnell bekannt, weil das Konzept leicht verständlich und sofort umsetzbar ist. Inzwischen gibt es HADS-Teams auf allen fünf Kontinenten.

Ich bekenne, dass ich über diese Entwicklung genauso überrascht bin wie alle anderen. Als ich erstmals ein Team auf die Straßen von Coleraine führte, hätte ich mir in meinen kühnsten Träumen nicht ausmalen können, dass ich nur einen Bruchteil dessen erlebte, was Gott in Zukunft überall auf der Welt tun würde – nämlich, dass Gemeinden sich zusammentun und hinauswagen und erleben, wie die jeweilige Region durch die Kraft des Evangeliums Christi verändert wird.

Es gäbe sehr viele Geschichten zu erzählen, aber die Geschichte von William, einem Jungen aus Uganda, der für ein Praktikum nach Warwick, England, kam, hat mein Herz besonders berührt. Dieser junge Mann kam zum Glauben, als er und seine jüngere Schwester auf den Straßen Kampalas lebten. Nachdem sie die schreckliche Ermordung ihrer Eltern mit ansehen mussten, entflohen sie dem Völkermord in Ruanda, als William gerade einmal neun Jahre alt war.

An dem Wochenende, als William in Warwick eintraf, waren die dortigen Gemeinden zu einem HADS-Einsatz auf der Straße. Da er sich kürzlich bei einem Autounfall zwei Zehen gebrochen hatte, konnte er keine Schuhe tragen. Beide Zehen waren nach oben gebogen. Während er auf einem unserer Stühle saß, richteten sich beide Zehen aus. Als William wieder aufstand und umherging, stellte er zu seiner Freude fest, dass sämtliche Schmerzen verschwunden waren. Am nächsten Tag kam er mit Schuhen in die Gemeinde und schwor, dass er nach seiner Rückkehr nach Uganda ein HADS-Team gründen würde.

Nach Beendigung des Praktikums kehrte er bewaffnet mit HADS Lehr-DVDs nach Hause zurück. Sofort meldeten sich 48 Personen an, um drei Teams zu bilden. Diese Menschen kamen alle aus unterschiedlichen Gemeinden und es war das erste Mal, dass diese Gemeinden partnerschaftlich zusammenarbeiteten. Vom ersten Tag an erlebten sie, dass Dutzende von Menschen zum Glauben kamen und körperlich geheilt wurden. Innerhalb von sieben

Monaten hatte sich HADS in weitere zwölf Städte dieses Landes verbreitet.

Williams Lebensgeschichte aus der Zeit, als er noch ein Straßenkind war, veranlasste seine Gastfamilie in Warwick dazu, für die Straßenkinder in Kampala eine Weihnachtsfeier zu finanzieren. Während dieser Weihnachtsfeier nahmen 120 Straßenkinder und gefährdete Erwachsene Jesus an. Auch diese schlossen sich nun HADS-Teams aus den Gemeinden an und nahmen an den Straßeneinsätzen teil.

Zu Ostern des darauffolgenden Jahres wurde sogar eine noch größere Feier finanziert. Auch ein ugandischer Fernsehsender wurde darauf aufmerksam. Williams Schwester hatte mit den Straßenkindern einen Chor gegründet, der nun während dieser Feier sang, um der Nation zu zeigen, dass Gott die Gemeinde gebrauchte, um das Leben von Straßenkindern zu verändern.

Schon bald hatte man über 500 Kinder von der Straße geholt. Immer mehr Menschen kamen zum Glauben, sodass die Gemeinden innerhalb von Monaten einen Zustrom von 1.000 neuen Gläubigen zu verzeichnen hatten.

Ich hatte das Privileg, William während eines Besuchs in England zu treffen und ihm die Hände aufzulegen. Ich autorisierte ihn, um HADS in seinem Heimatland Uganda und darüber hinaus durchzuführen und zu verbreiten. Mein Gebet für ihn lautete: „Was ich habe, gebe ich dir." Es war eine Freude zu hören, dass HADS innerhalb von 18 Monaten derart florierte, dass sich dieser Dienst in ganz Uganda verbreitet hatte. Am 31. Dezember 2013 organisierten die HADS-Teams im Nakuvvubo Stadion ein Fest

– Tausende kamen zusammen, um in das neue Jahr „hineinzubeten".

Williams Geschichte ist schon ein Buch an sich. Es ist eine wundervolle Illustration, wie Gott HADS gebraucht hat – nicht nur, um Kranke zu heilen, sondern um übernatürlich in das Leben von Armen, Waisen, Abgelehnten und Ausgegrenzten einzugreifen und so letztendlich eine Nation zu verändern.

Das Bemerkenswerteste daran ist vielleicht, dass es nicht die Pastoren oder Prediger sind, die diese Arbeit leiten, sondern einfache, doch unglaublich außergewöhnliche Menschen, deren einziges Ziel darin besteht, Jesus berühmt zu machen. Menschen, in deren Leben die Worte Jesajas widerhallen:

Wir sehnen uns nach dir, nach deinem Namen, deinem Lob.

Jesaja 26, 8 (NeÜ)

Etwas Spezielles geschieht, wenn wir anfangen, mit Menschen über Jesus zu sprechen. Wir entwickeln zunehmend einen geistlichen Hunger nach Gott. Es geschieht leicht, dass Christen ermatten, ihre Leidenschaft für Gott verlieren, anderen nicht mehr von ihrem Glauben erzählen und den Blick für die Verlorenen verlieren. Wenn wir uns auf Gemeindeprogramme einlassen, die nicht nach außen gerichtet sind, ist das zeit- und kraftraubend, und ehe wir uns versehen, haben wir unseren Eifer verloren.

Abgesehen davon, dass ich bei der Entwicklung von HADS mitwirken durfte und der Tatsache, dass Menschen geheilt werden, begeistert es mich ebenso sehr, dass man heute überall im Vereinigten Königreich (und inzwischen auch an vielen Orten überall auf der Welt) einfache Menschen aus den unterschiedlichsten Denominationen antreffen kann. In Einkaufszentren, auf Marktplätzen, Hauptstraßen, Bauernmärkten und sogar auf Esoterikmessen – überall finden sich Menschen, die vollständig verändert wurden und den Mut haben, hinauszugehen, um ihre Region zu erreichen. Nicht mit *„überredenden Worten menschlicher Weisheit"* (1. Kor. 2, 4; Schlachter), sondern durch eine Demonstration der Kraft des Heiligen Geistes.

Wir kümmern uns also auf jede Weise um die Region, in der wir leben – und jeder ist involviert. Wenn wir für unsere Städte übernatürliche Lösungen suchen, ist eine gewöhnliche Denkweise nicht genug – es bedarf einer himmlischen Denkweise. Ich tue nichts anderes, als meinen Teil zu erfüllen, um meine Region zu erreichen. Und indem ich mit anderen überall auf der Welt partnerschaftlich zusammenarbeite, werden sich unsere Städte verändern. Die Atmosphäre wird anfangen, sich zu verändern. Das ist der Wendepunkt. Wenn du siehst, dass der Wendepunkt erreicht ist, weißt du, dass du an dem Platz bist, an dem Gott dich haben will. Dein Glaube und deine Erwartung werden zunehmen.

Alle Zeichen deuten darauf hin, dass der Regen kommt!

ÜBER DEN AUTOR

Mark ist Teil der *Causeway Coast Vineyard Church* in Coleraine, Nordirland und Gründer von „*Heilung auf der Straße*". 1998 zog Mark gemeinsam mit seiner Frau Linda und seinen drei Söhnen nach Coleraine.

Mark war der Wegbereiter für die Entwicklung von „*Heilung auf der Straße*", was dazu führte, dass die Gemeinde seit Ostern 2005 wöchentlich auf der Straße für Menschen gebetet hat. Das Konzept von *Heilung auf der Straße* wurde von vielen Gemeinden übernommen und findet Verbreitung auf der ganzen Welt. Es ist eine Möglichkeit, um auf behutsame, nichtkonfrontative Weise mit den Menschen auf den Straßen unserer Stadt in Kontakt zu kommen und sie mit Jesus bekannt zu machen.

Mark wirkte mit in „Holy Ghost" – einem Film von Darren Wilson.

KONTAKT

Sende uns eine E-Mail

healing@causewaycoastvineyard.com

Oder schreibe uns

The Vineyard Offices

10 HILLMANS WAY, Ballycastle Road

Coleraine

Co. Londonderry

BT52 2ED

Northern Ireland

Facebook

https://www.facebook.com/healingonthestreets

Folge Mark auf Twitter

https://twitter.com/_MarkMarx

S. 43
S. 118
S. 134 - 137? → Steps usw
S. 138 + 139

S. 208? 2. Tim 4,2
S. 216?